LE GUIDE

DES JURÉS.

LE GUIDE
DES JURÉS,

CONTENANT

Des Observations générales sur le caractère et les devoirs d'un Jury. ——— La Nomenclature, par ordre alphabétique, des différens Crimes et des circonstances qui les caractérisent. ——— Les Règles établies pour la composition et la convocation des Jurys. ——— Le mode de Formation de chaque Jury et ceux de nomination de son Chef. ——— Les Règles établies pour l'examen des accusés, soit de la part de la Cour d'Assises, soit de celle des Jurés. ——— En quoi doivent consister les Questions qui sont soumises au Jury. ——— Et comment il peut y répondre:

SUIVI

De la Nomenclature, aussi par ordre alphabétique, des Délits et des Circonstances qui les caractérisent, lesquels sont déterminés, tant par le Code Pénal, que par les Lois antérieures maintenues par les articles 255, 402, 461 et 484 dudit Code;

Et des Contraventions de simple police.

Par M. FLEURIGEON,

CHEF DE BUREAU AU MINISTÈRE DE L'INTÉRIEUR,

Auteur du *Code Administratif*.

DE L'IMPRIMERIE DE P. N. ROUGERON.

A PARIS,

Chez FANTIN, Libraire, quai des Augustins, N.° 55.

1811.

LE GUIDE DES JURÉS.

OBSERVATIONS GÉNÉRALES

Sur le Caractère et les Devoirs d'un Jury.

Mon but n'est pas de discuter les avantages que peut avoir l'institution du jury, soit sous le rapport de l'ordre public en général, soit sous celui de la garantie qu'il doit offrir aux citoyens en particulier contre les préjugés d'état. Des magistrats, des jurisconsultes éclairés ont émis sur cet objet des principes, des considérations et des opinions qu'ils ont exprimés beaucoup mieux que je ne le ferois.

Mais convaincu de la sagesse de cette institution, toute mon attention s'est fixée sur les dispositions des citoyens qui sont

appelés à former les jurys. Jai cru reconnoître qu'au lieu d'y apporter la connoissance positive du vœu des lois pénales , à
l'exécution desquelles ils venoient concourir , ils y arrivoient avec ces préjugés vul-
gaires ou même des préjugés d'état dont
on avoit voulu garantir les prévenus par
l'institution du jury , et que , pleins de
confiance dans l'innocence de leurs ancien-
nes opinions , ils étoient prêts à consacrer
par leur vote les calomnies juridiques
que l'erreur avoit fait soumettre à leur
décision.

Frappé des résultats funestes de cette
disposition des esprits , j'ai senti en même
temps le besoin d'écrire les observations
qui suivent.

Le Code d'instruction criminelle veut ,
article 342, que les jurés se pénètrent bien ,

« Que la loi ne leur demande pas com-
» pte des moyens par lesquels ils se sont
» convaincus ; qu'elle ne leur prescrit
» point de règles desquelles ils doivent

» faire particulièrement dépendre la plé-
» nitude et la suffisance d'une preuve :
» que seulement elle leur prescrit de s'in-
» terroger eux-mêmes dans le silence ou
» le recueillement, et de chercher, *dans*
» *la sincérité de leur conscience,* quelle
» impression ont faite sur leur raison les
» preuves rapportées contre l'accusé, et
» les moyens de sa défense : que la loi
» ne leur dit point, *vous tiendrez pour*
» *vrai tout fait attesté par tel ou tel*
» *nombre de témoins ;* qu'elle ne leur
» dit pas non plus, *vous ne regarderez*
» *pas comme suffisamment établie*
» *toute preuve qui ne sera pas formée*
» *de tel procès-verbal, de telles pièces,*
» *de tant de témoins ou de tant d'in-*
» *dices;*qu'elle ne leur fait que cette ques-
» tion, qui renferme toute la mesure de
» leur devoir : *avez-vous une intime*
» *conviction ?*

« Ce qu'il est bien essentiel qu'ils ne
» perdent pas de vue, c'est que toute la

» délibération du jury porte sur l'acte
» d'accusation, et que c'est aux faits qui
» le constituent et qui en dépendent,
» qu'ils doivent uniquement s'attacher ».

Cette instruction ne m'a pas paru faire sur tous les esprits la même impression : beaucoup de jurés n'y voient que le devoir d'exprimer leur sentiment sur le fait et les circonstances de l'action dont il est question, sans être obligés d'examiner d'abord si cette action est classée par la loi au nombre des *crimes;* et ces citoyens qui seroient désespérés d'avoir, contre le vœu de la loi, accablé un accusé d'une peine afflictive, et imprimé sur lui le sceau de l'infamie, prononcent la culpabilité de cet accusé avec une confiance, une sécurité, qui prouvent l'innocence de leur opinion, mais qui sont effrayantes pour la société.

Pour justifier l'exactitude de cette assertion et la nécessité de s'occuper de la nature de l'action qui est soumise au jury, je me bornerai à citer pour exemple les affaires de *faux en écritures privées ou de commerce*. Beaucoup de jurés établissent leur opinion sur le préjugé vulgaire, *que tout ce qui n'est pas vrai est faux, et que tout ce qui est faux,* et dont on a voulu faire usage au détriment de quelqu'un, *est criminel.*

C'est en vain qu'on leur représente, QU'UNE ACTION N'EST PAS CRIMINELLE, SI LA LOI NE L'A PAS DÉCLARÉE TELLE;

QUE LES CRIMES SONT, COMME LES PEINES, DE DROIT ÉTROIT,

Et que la loi ayant défini, caractérisé le faux *criminel* en écritures privées ou de commerce, l'ayant circonscrit par les articles 147 et 150, dans les seuls cas de « la » *contrefaçon* ou de l'*altération* de » l'écriture ou de la signature », il n'y a pas de faux *criminel,* si l'écriture n'est pas contrefaite ou altérée.

On leur rappelle en vain que LA OÙ LA LOI DISTINGUE, IL N'EST PAS PERMIS DE CONFONDRE;

On convient avec eux que la loi ne faisant , d'un autre côté, aucune distinction entre la personne qui a écrit et celle à laquelle elle veut attribuer l'écriture ou la signature, il y a faux *criminel* lorsqu'il est constant , 1.º que l'écrivain a cherché à déguiser , bien ou mal, son écriture ordinaire, soit qu'il ait imité ou non l'écriture ou la signature de l'individu auquel il veut ou vouloit l'attribuer ; 2.º qu'à plus forte raison, le faux *criminel* existe si l'écriture ou la signature d'une autre personne a été imitée avec plus ou moins d'adresse ; 3.º enfin , que l'écriture naturelle d'un tiers, que le porteur de l'écrit ne veut ou ne peut pas faire connoître, doit être considérée comme ayant été contrefaite par lui , relativement à la sienne, s'il ne prouve pas qu'il ignoroit que l'écrit fût faux. Mais les partisans de la confusion de tous les faits faux refusent d'admettre que la criminalité n'existe pas, lorsque l'écrivain s'est servi de son écriture ordinaire , naturelle , pour la présenter comme étant celle d'un autre.

Ils ne veulent pas apercevoir que , plus sévères que le législateur , ils assimilent une action correctionnelle à une action criminelle , ni se rappeler que les autorités locales ne peuvent pas plus créer des *crimes* par assimilation , qu'appliquer des peines.

Ils prétendent qu'ils n'ont point à examiner si le fait qu'on leur présente est ou non déclaré *criminel,* mais seulement s'il y a *supposition* d'écriture ou de nom , parce que le premier objet regarde la chambre d'accusation et même la cour impériale dans les cas prévus. Ainsi, ces hommes probes, mais pas assez sages pour se défier de leurs préjugés, se livrent aveuglément à l'erreur que l'autorité accusatrice a pu commettre, et se rendent complices d'assassinats juridiques , moraux ou physiques. Ils croient avoir obéi scrupuleusement à la loi , et ils n'ont cédé qu'à leurs préjugés. Ils ne veulent pas sentir que, si le législateur eût voulu que tout ce qui seroit coupable fût *criminel*, il l'eût dit en matière de faux en écritures privées ou de commerce, au lieu de circonscrire ce crime dans deux circonstances définies. Ils ne veulent pas reconnoître que, si le législateur a voulu que les jurés fussent pris dans la classe de citoyens qui doit être généralement instruite, son intention a été de mettre l'honneur et la vie des accusés sous la sauve-garde de leur jugement, éclairé par des connoissances acquises et par l'exercice habituel qu'ils en font dans leurs fonctions ordinaires.

Beaucoup de personnes ont prétendu qu'il ne falloit qu'un sens droit pour être juré ; cette opinion a flatté la multitude, et elle a jeté de profondes racines. Je crois que l'exemple que je viens de donner de la question de faux, et que je pourrois multiplier, doit contribuer à détruire cet autre préjugé.

Sans doute, les Cours Impériales ne devroient soumettre aux Cours d'assises que des actions déclarées *criminelles* par la loi ; mais personne n'est exempt d'erreurs, et les corps en commettent quelquefois, sur-tout lors de la mise à exécution d'une législation nouvelle. Les jurés doivent donc, dans l'intérêt de l'honneur des juges comme dans celui de leur honneur personnel, et enfin dans l'intérêt de la justice dont ils sont les organes, se tenir en garde contre la criminalité des actions dont l'existence et la nature sont soumises à leur décision.

D'ailleurs, s'ils peuvent absoudre impunément, ils ne doivent point oublier qu'ils ne peuvent condamner injustement, sans s'exposer à l'humiliation d'entendre surseoir, en vertu de l'article 352, au jugement qui auroit dû suivre leur déclaration, et renvoyer l'affaire à un autre jury.

Les jurés doivent donc connoître les différentes circonstances qui constituent le

crime, pour être à portée d'examiner uti-
lement, pendant les débats, si l'accusé est
criminel, et s'il l'est dans les circonstances
établies par l'acte d'accusation, et qu'ils
trouveront rappelées dans la question sur
laquelle ils auront à prononcer.

Mais si les jurés doivent connoître les
circonstances qui constituent et aggravent
chaque sorte de crime, ils doivent éloigner de leur pensée les peines qui doivent
y être appliquées. La loi déjà précitée, article 342, les prévient avec raison, « qu'ils
» manquent à leur premier devoir lors-
» que, pensant aux dispositions des lois
» pénales, ils considèrent les suites que
» pourra avoir, contre l'accusé, la décla-
» ration qu'ils ont à faire.

Et en effet, est-il quelque chose de plus
coupable que de subordonner, non sa
conviction que rien ne peut plus détruire,
mais son vote, à l'origine, à l'état d'un accusé ? quelque chose de plus scandaleux,
de plus impudent, que de déclarer qu'un

tel *n'est pas coupable* d'un fait prouvé et avoué, sauf quelques circonstances aggravantes, pour le soustraire à toute la peine dont il avoit encouru au moins une partie ?

Certes, si une pareille déclaration, toujours coupable, faite en face d'un tribunal, du public, peut exciter quelque indulgence, ce ne peut être que lorsqu'elle a pour objet le chef aussi malheureux que criminel d'une famille plongée dans la misère par son absence ; mais jamais lorsqu'elle est faite pour sauver un homme dont la fortune, l'éducation et l'état ajoutent un degré de criminalité à ses actions coupables.

Elle peut mériter de l'indulgence, lorsqu'elle soustrait à la flétrissure des enfans de moins de seize ans, qui, cédant à la tentation, ont commis une première faute et l'ont avouée naïvement avec toutes ses circonstances ; mais jamais lorsqu'elle a pour objet ces enfans effrontés, livrés habituellement au vol et exercés à dissimuler la vérité ; ou ces jeunes gens présomptueux, hautains et corrompus, qui, s'indignant de trouver sous les haillons l'honneur et les vertus qu'ils n'ont jamais reconnus sous leurs formes tronquées et ridicules, se sont permis de maltraiter ces malheureux.

Il est encore fâcheux de se croire obligé de déclarer ces enfans non coupables. On pourroit se borner à les excuser, en répondant à la question de savoir s'ils ont commis l'action avec *discernement;* mais ne seroit-il pas plus sage de la part de la chambre d'accusation et du ministère public, de ne pas exposer ces enfans à un jugement toujours flétrissant, en ne considérant leurs vols que comme des larcins, lorsqu'il n'existe aucune *preuve* de dessein prémédité ? Autant la jeunesse, déjà livrée au vice, exige la sévérité de la loi et du jury, autant cette jeunesse, seulement imprudente, inconsidérée, mérite de ménagémens. L'avilir indiscrètement, c'est la livrer au crime qui la guette pour profiter de son humiliation et s'en emparer.

La connoissance des circonstances qui caractérisent chaque crime est indispensable, mais elle ne suffit pas; elle sert à diriger l'attention du juré sur les différentes parties de l'accusation, et ensuite à former son opinion; mais entre ces deux opérations, l'attention du juré est partagée,

1.º Sur le corps du délit, lequel est établi par des procès-verbaux;

2.º Sur l'auteur du crime, qui souvent n'a pas été pris sur le fait, ni vu sur le lieu du délit;

3.º Sur l'identité qui existe entre le crime et son auteur présumé, et conséquemment sur toutes les circonstances qui peuvent établir cette identité;

4.º Sur les complices présumés, et sur toutes les circonstances, déclarations et aveux qui peuvent les faire reconnoître, soit comme actifs pour commettre le crime, soit comme passifs pour en recéler les résultats;

5.º Enfin, sur la culpabilité des fournisseurs des instrumens du crime et des recéleurs, ou de quelques-uns d'eux, attendu la connoissance qu'ils avoient, les premiers, du projet criminel, et les seconds, de l'origine des effets qui étoient ou qui avoient été en leur possession postérieurement à la consommation du crime.

C'est sur ces points importans et délicats que doit s'exercer toute la sagacité des jurés, et c'est à cet égard que s'applique spécialement l'instruction que renferme l'article 342 du Code d'Instruction criminelle.

Lorsqu'il existe plusieurs co-accusés principaux, ou plusieurs complices présumés, il seroit imprudent de se confier à sa mémoire. Les dépositions, les débats, les déclarations, les aveux ou les dénégations changent à chaque instant l'état des choses, et font varier l'opinion. Il est donc sage d'écrire les noms des accusés, des co-accusés et des complices présumés, dans l'ordre que présente l'acte d'accusation et le degré apparent de culpabilité de ces trois classes de prévenus; de prendre note des charges apportées contre chacun, et d'indiquer à fur et mesure celles qui paroissent être détruites par les dépositions ou par les débats. Par cette précaution, on se tient à portée de se rappeler à chaque instant, pendant tous les débats et au moment de la délibération du jury, les charges qui pèsent sur chacun, et les motifs de l'opinion qu'on en a conçue.

Il suffit aux hommes éclairés qui composent aujourd'hui le jury, d'être prévenus des devoirs qu'ils ont à remplir. Leurs connoissances acquises, leur discernement exercé, leur amour pour la justice individuelle et pour le bon ordre en général, sont de sûrs garans de l'attention religieuse qu'ils mettront dans l'exercice de la fonction la plus importante et la plus honorable qui puisse leur être confiée. Je me bornerai donc à leur rappeler encore,

Que la loi veut que le doute soit résolu en faveur des accusés;

Et à mettre sous leurs yeux,

1.º La nomenclature, par ordre alphabétique, des différens crimes et des circonstances qui les caractérisent;

2.º Les règles établies pour la composition du jury;

3.º Le mode de formation et de convocation du jury;

4.º En quoi doivent consister les questions qui lui sont soumises;

Et 5.º Comment il peut y répondre.

TITRE I.er

TITRE PREMIER.

DES CRIMES

Et des Circonstances qui les caractérisent, présentés par ordre alphabétique.

Code Pénal du 12 février 1810 (*B.* 277 *bis*).

Dispositions générales.

Nul *crime* ne peut être puni de peines qui n'étoient pas prononcées par la loi avant qu'il fût commis (*art.* 4).

En d'autres termes : Aucune action n'est *criminelle*, si elle n'est qualifiée ou caractérisée telle par la loi.

Une action n'est pas criminelle à raison de sa dénomination, mais seulement à raison des circonstances avec lesquelles elle a été commise ; ainsi le *faux*, le *vol*, etc. sont ou des crimes ou des délits.

Les *crimes* se distinguent encore des *délits* , par les peines affectées aux uns et aux autres.

Les peines affectées aux crimes , et qui sont en même temps afflictives et infamantes, sont :

1.º La mort ;

2.º Les travaux forcés à perpétuité ;

3.º La déportation ;

4.º Les travaux forcés à temps ;

5.º La réclusion.

La marque est une peine infamante, commune avec quelques-unes de celles qui sont désignées ci-dessus.

Les peines seulement infamantes sont :

1.º Le carcan ;

2.º Le bannissement ;

Et 3.º la dégradation civique (*articles* 6, 7 *et* 8).

Les peines, en matière correctionnelle, applicables aux *délits,* sont seulement :

1.º L'emprisonnement à temps ;

2.º L'interdiction à temps de certains droits civiques, civils ou de famille ;

3.º L'amende (*art.* 9).

Les cours d'assises étant saisies du jugement d'une action présumée criminelle, mais qui, par suite des débats, est reconnue n'être passible que d'une peine correctionnelle, elles prononcent cette peine (*art.* 265 *du Code d'Instruction criminelle*).

Il ne semble pas devoir résulter de cette disposition que la cour *juge en police correctionnelle,* parce que le jury ne devroit pas, dans ce cas, prendre part au jugement ; mais seulement que la peine applicable au *crime* a été mitigée, modérée, attendu les circonstances excusables, et non à cause du défaut de circonstances caractéristiques du crime. Si l'on admettoit un autre système, il en résulteroit que les cours d'assises pourroient s'attribuer la connoissance des délits, en leur supposant des circonstances criminelles.

Les condamnations aux *travaux forcés à perpétuité* et à la *déportation* emportent la mort civile (*art.* 18).

Quiconque a été condamné à la peine des *travaux forcés à temps,* du *bannissement,* de la *réclusion* ou du *carcan,* ne peut jamais être juré, ni expert, ni être employé comme témoin dans les actes, ni déposer en justice autrement que pour y donner de simples renseignemens. Il est incapable de tutelle et de curatelle, si ce n'est de ses enfans et sur l'avis seulement de sa famille, et il est déchu du droit de port d'armes et du droit de servir dans les armées de l'Empire (*art.* 28).

La *dégradation civique* consiste dans la destitution et l'exclusion du condamné de toutes fonctions ou emplois publics, et dans la privation de tous les droits énoncés en l'art. 28 ci-dessus (*art.* 34).

Démence.

Il n'y a ni crime ni délit, lorsque le prévenu étoit en état de *démence* au temps de l'action, ou lorsqu'il a été contraint par une force à laquelle il n'a pu résister (*art.* 64).

Complices.

Sont considérés comme complices ceux qui, par dons, promesses, menaces, abus d'autorité ou de pouvoir, machinations ou artifices coupables, ont provoqué à cette action, ou donné des instructions pour la commettre ;

Ceux qui ont procuré des armes, des instrumens ou tout autre moyen qui aura servi à l'action, *sachant* qu'ils devoient y servir ;

Ceux qui ont, avec *connoissance,* aidé ou assisté l'auteur ou les auteurs de l'action, dans les faits qui l'ont préparée ou facilitée, ou dans ceux qui l'ont consommée (*art.* 60) ;

Ceux qui, *connoissant* la conduite criminelle des malfaiteurs exerçant des brigandages ou des violences contre la sûreté de l'Etat, la paix publique, les personnes ou les propriétés, leur fournissent habituellement logement, lieu de retraite ou de réunion (*art.* 61) ;

Ceux qui *sciemment* ont recélé en tout ou en partie des choses enlevées, détournées ou obtenues à l'aide d'un crime (*art.* 62) ;

Ceux de ces recéleurs qui seront *convaincus* d'avoir eu, au temps du recélé, connoissance du crime qui a procuré les choses recélées (*art.* 63).

Enfans.

Le crime commis par des enfans âgés de moins de seize ans est excusé, s'il est décidé qu'ils ont agi sans *discernement.* Dans ce cas, la cour d'assises peut les envoyer dans une maison de correction pour y être détenus et élevés pendant un certain nombre d'années, qui ne peut excéder l'époque où ils ont acquis leur vingtième année (*art.* 66). *Voyez* les Observations faites à leur sujet, page 11.

Nota. Les crimes commis par des vagabonds, gens sans aveu, et par des condamnés à des peines afflictives ou infamantes; le crime de rebellion armée à la force armée, celui de contre-bande armée, le crime de fausse monnoie, et les assassinats qui ont été préparés par des attroupemens armés, sont jugés, sans jurés, par des cours spéciales composées des cinq membres d'une cour d'assises, et de trois militaires ayant au moins le grade de capitaine (*art.* 553, 554 *et* 556 *du Code d'Instruction criminelle*).

Si, parmi les prévenus de crimes commis par des vagabonds, gens sans aveu, ou par des condamnés à des peines afflictives ou infamantes, et qui sont, par la simple qualité des personnes, attribuées à la cour spéciale, il s'en trouve qui ne soient point, par ladite qualité, justiciables de cette cour, le procès et les parties sont renvoyés devant les cours d'assises (*art.* 555).

SONT CRIMINELS,

A (1)

N.° 1. — ABUS D'AUTORITÉ *contre la chose publique.* Tout fonctionnaire public, agent ou préposé du Gouvernement, qui a requis ou ordonné l'action ou l'emploi de la force publique contre l'exécution d'une loi, ou contre la perception d'une contribution légale, ou contre l'exécution, soit d'une ordonnance ou mandat de justice, soit de tout autre acte émané de l'autorité légitime (*art.* 188).

Ce crime devient celui des supérieurs qui l'ont ordonné et auxquels ceux qui l'ont fait exécuter devoient obéissance hiérarchique (*art.* 190).

2. — Les fonctionnaires ou officiers publics

---

(1) La loi voulant que les jurés ne s'occupent pas de la peine que leur déclaration doit faire appliquer, j'ai retranché la partie pénale des différentes natures de crimes ; mais j'en ai formé un tableau dont les numéros correspondent à ceux des crimes, et l'ai placé à la fin de ce titre.

qui ont participé à des crimes qu'ils étoient chargés de surveiller ou de réprimer (*art*. 196).

3. — ACCUSATION *omise*. Les procureurs généraux ou impériaux, leurs substituts, les juges ou les officiers publics, qui ont traduit un citoyen devant une cour d'assises ou une cour spéciale, sans qu'il ait été préalablement mis légalement en *accusation*, sont coupables de crime (*art*. 122).

ACTIONS *hostiles* tendant à faire déclarer la guerre. *Voyez* Intelligences, N.º 117.

AGENS *des autorités publiques* (crimes des). *Voyez* Fonctionnaires publics (crimes des).

ALTÉRATION *d'écritures* , de signatures. *Voyez* Faux, N.ºs 80—83 et 86.

—— de vins , liqueurs et autres marchandises. *Voyez* le N.º 167.

ARMES. Sont compris dans le mot *armes*, toutes machines , tous instrumens ou ustensiles tranchans, perçans ou contondans.

Les couteaux et ciseaux de poche , les cannes simples , ne sont réputés armes qu'autant qu'il en a été fait usage pour tuer , blesser ou frapper (*art* 101).

4.—ARMES. Tout Français qui a porté les armes contre la France (*art*. 75).

(24)

5.—ARRESTATIONS *illégales.* Ceux qui, sans ordre des autorités constituées , et hors les cas où la loi ordonne de saisir des prévenus , ont arrêté , détenu *ou sequestré* , pendant·dix jours , des personnes quelconques.

Ceux qui ont prêté un lieu pour la détention ou séquestration (*art.* 341 et 343).

6.—Si l'arrestation a été exécutée avec le faux costume , sous un faux nom , ou sous un faux ordre de l'autorité publique ;

Ou si l'individu arrêté , détenu ou séquestré , a été menacé de la mort ;

Ou s'il a été soumis à des tortures corporelles.

ASSASSINAT. *Voyez* Meurtre , N.° 121.

7.—ASSOCIATION de malfaiteurs envers les personnes ou les propriétés , est un crime contre la paix publique (*art.* 265).

Il existe à l'égard des auteurs , directeurs et commandans en chef ou en sous-ordre , par le seul fait d'organisation de bandes ou de correspondance entre elles et leurs chefs ou commandans , ou de conventions tendant à rendre compte , ou à faire distribution ou partage du produit des méfaits , lors même qu'il n'auroit été accompagné ni suivi d'aucun autre crime (*art.* 266 et 267).

8.—Et à l'égard de tous autres individus chargés d'un service quelconque dans ces bandes, et de ceux qui ont sciemment et volontairement fourni aux bandes, ou à leurs divisions, des armes, munitions, instrumens de crime, logement, retraite ou lieu de réunion (*art.* 268).

9. — ATTENTATS *à la liberté des citoyens.* Le fonctionnaire public, l'agent ou le préposé du Gouvernement qui a ordonné ou fait quelque acte arbitraire et attentatoire, soit à la liberté individuelle, soit aux droits civiques d'un ou de plusieurs citoyens, soit aux constitutions de l'Empire, est coupable de crime, s'il ne justifie qu'il a agi par ordre de ses supérieurs pour des objets du ressort de ceux-ci, et sur lesquels il leur étoit dû obéissance hiérarchique, auquel cas la peine doit être appliquée au supérieur (*art.* 114). *Voyez* encore les N.os 54 et 55.

10.—ATTENTATS *contre l'Empereur et l'État* (les auteurs d') ou de *complots* contre la vie ou contre la personne de l'Empereur (*art.* 86), ou des membres de la famille impériale, ou dont le but est de détruire ou de changer le Gouvernement ou l'ordre de successibilité au trône, ou d'exciter les citoyens ou habitans à s'armer contre l'autorité impériale (*art.* 87).

Il y a *attentat* dès qu'un acte est commis ou commencé pour parvenir à l'exécution de ces crimes , quoiqu'ils n'aient pas été consommés (*art.* 88).

Il y a *complot* dès que la résolution d'agir est concertée et arrêtée entre deux conspirateurs ou un plus grand nombre , quoiqu'il n'y ait pas eu attentat (*art.* 89).

11.—Est criminel l'auteur de la proposition faite et non agréée , dans le cas de l'article 86.

12.—Celui de la proposition faite et non agréée dans les cas déterminés par l'article 87 (*art.* 90).

13.—Celui qui a eu connoissance du crime de lèse-Majesté et qui ne l'a pas révélé dans les vingt-quatre heures (*art.* 106).

Est excusé du crime de *réticence* l'époux , même divorcé , l'ascendant ou le descendant, le frère ou la sœur , ou l'allié aux mêmes degrés , de l'auteur d'un complot contre la vie ou la personne de l'Empereur, ou contre la sûreté intérieure ou extérieure de l'Etat (*art.* 107).

14.—Les auteurs d'*attentats* ou de complots dont le but est, soit d'exciter la guerre civile en armant ou en portant les citoyens ou habitans à s'armer les uns contre les autres, soit de porter la dévastation, le massacre et le pillage dans une ou plusieurs communes (*art.* 91).

15. — Ceux qui ont fait lever des troupes armées, engagé ou enrôlé, fait engager ou enrôler des soldats, ou leur ont fourni ou procuré des armes ou munitions, sans ordre ou autorisation du pouvoir légitime (*art.* 92).

16. — Ceux qui, sans droit ou motif légitime, ont pris le commandement d'un corps d'armée, d'une troupe, d'une flotte, d'une escadre, d'un bâtiment de guerre, d'une place forte, d'un poste, d'un port, d'une ville.

17.—Ceux qui ont retenu, contre l'ordre du Gouvernement, un commandement militaire quelconque.

18. — Les commandans qui ont tenu leur armée ou troupe rassemblée, après que le licenciement ou la séparation en ont été ordonnés (*art.* 93).

19. — Toute personne, qui, pouvant disposer de la force publique, en a requis ou ordonné, fait requérir ou ordonner l'action

ou l'emploi contre la levée des gens de guerre légalement établie (*art.* 94).

20.—Quiconque s'est mis à la tête de bandes armées (*Voyez* Armes), ou y a exercé une fonction ou commandement quelconque, soit pour envahir des domaines , propriétés ou, deniers publics , places , villes , forteresses , postes , magasins , arsenaux , ports , vaisseaux ou bâtimens appartenant à l'Etat ; soit pour piller ou partager des propriétés publiques ou nationales , ou celles d'une généralité de citoyens ; soit enfin pour faire attaque ou résistance envers la force publique , agissant contre les auteurs de ces crimes.

21.—Ceux qui ont dirigé l'association, levé ou fait lever , organisé ou fait organiser les bandes , ou leur ont , *sciemment* et *volontairement ,* fourni ou procuré des armes , munitions et instrumens de crimes , ou envoyé des convois de subsistances , ou qui ont de toute autre manière pratiqué des intelligences avec les directeurs ou commandans des bandes (*art.* 96).

22. — Ceux qui , *connoissant* le but et le caractère desdites bandes, leur ont , *sans contrainte,* fourni des logemens , lieux de retraite ou de réunion (*art.* 99).

Sont excusés les membres d'un rassemble-
ment séditieux, qui s'en sont séparés au premier avertissement des autorités civiles ou
militaires, ou même depuis, lorsqu'ils n'ont
été saisis que hors des lieux de la réunion séditieuse, sans armes et sans opposer de résistance, sauf la punition des crimes particuliers qu'ils auroient personnellement commis
(*art.* 100).

23.—Ceux qui, par des discours tenus dans
des lieux ou réunions publiques, par placards
affichés, par des écrits imprimés, ont excité
directement des citoyens ou habitans à commettre les crimes et complots déterminés dans
les articles 91 et suivans qui précèdent (*art.*
102). *Voyez encore* Incendie, Complots.

ATTROUPEMENT. *Voyez* Attentats,
Rebellion, N.ºs 20, 21, 22 et 141.

24. — AVORTEMENT. Quiconque, par
alimens, breuvages, médicamens, violences
ou par tout autre moyen, a procuré l'avortement d'une femme enceinte, soit qu'elle y ait
consenti ou non.

La femme qui s'est procuré l'avortement à
elle-même, ou qui a consenti à faire usage
des moyens à elle indiqués ou administrés à
cet effet, si l'avortement s'en est suivi.

25. — Les médecins, chirurgiens et autres officiers de santé, ainsi que les pharmaciens qui ont indiqué ou administré ces moyens (*art.* 317).

B

BANDES, ou réunions de malfaiteurs. *Voyez* Destructions, N.ºs 51, 52 et 141. *Voyez encore* Attentats contre l'Empereur et l'Etat, N.ºs 20, 21 et 22.

26. — BANQUEROUTES *frauduleuses*. Est coupable tout commerçant failli, qui se trouve dans un ou plusieurs des cas qui suivent:

1.° S'il a supposé des dépenses ou des pertes, ou ne justifie pas de l'emploi de toutes ses recettes;

2.° S'il a détourné aucune somme d'argent, aucune dette active, aucunes marchandises, denrées ou effets mobiliers;

3.° S'il a fait des ventes, négociations ou donations supposées;

4.° S'il a supposé des dettes passives et collusoires entre lui et des créanciers fictifs, en faisant des écritures simulées, ou en se constituant débiteur, sans cause ni valeur, par des actes publics ou par des engagemens sous signature privée;

5.° Si ayant été chargé d'un mandat spécial ou constitué dépositaire d'argent, d'effets
de commerce, de denrées ou marchandises,
il a, au préjudice du mandat ou du dépôt,
appliqué à son profit les fonds ou la valeur
des objets sur lesquels portoit, soit le mandat, soit le dépôt;

6.° S'il a acheté des immeubles ou des
effets mobiliers à la faveur d'un prête-nom;

7.° S'il a caché ses livres (*art.* 593 *du Code
de Commerce*).

Le failli qui n'a pas tenu de livres, ou dont
les livres ne présentent pas sa véritable situation active et passive.

Celui qui, ayant obtenu un sauf-conduit,
ne s'est pas représenté à justice (*art.* 594 *du
même Code*).

27. — Sont *complices* des banqueroutiers
frauduleux, les individus qui sont convaincus
de s'être entendus avec le banqueroutier pour
recéler, ou soustraire tout ou partie de ses
biens meubles ou immeubles ; d'avoir acquis
sur lui des créances fausses, et qui, à la vérification et affirmation de leurs créances, ont
persévéré à les faire valoir comme sincères
et véritables (*art.* 597 *du même Code* et *articles* 402 *et* 403 *du Code Pénal*).

28.—Sont criminels les *agens de change* et *courtiers* qui ont fait faillite ;

29.—Ou qui ont fait une banqueroute frauduleuse (*art.* 404).

3o. — BIGAMIE. Quiconque étant engagé dans les liens du mariage, en a contracté un autre avant la dissolution du précédent , ainsi que l'officier public qui a prêté son ministère à ce mariage, connoissant l'existence du premier (*art.* 34o).

BILLETS *de banque*. Voyez *Faux ,* N.º 73.

3i.—BLANC-SEING. Quiconque abusant d'un blanc-seing qui ne lui auroit pas été confié, pour écrire frauduleusement au dessus une obligation ou décharge , ou tout autre acte pouvant compromettre la personne ou la fortune du signataire, est considéré comme faussaire (*art.* 407). *Voyez* N.º 83.

32.—BLESSURES *volontaires*. Tout individu qui a fait des blessures ou porté des coups , s'il est résulté de ces actes de violence une maladie ou incapacité de travail personnel pendant plus de vingt jours (*art.* 3o9).

33.—Si le crime a été commis avec préméditation ou guet-apens (*art.* 3io).

34. — S'il à été commis envers ses père et mère légitimes , naturels ou adoptifs , ou autres ascendans légitimes (*art*. 312).

35. — Si les blessures volontaires ou les menaces ont été faites en réunion séditieuse, avec rebellion ou pillage , elles sont imputables aux chefs , auteurs , instigateurs et provocateurs de la réunion , comme à ceux qui les ont personnellement faites (*art*. 313).

Excuses. Les blessures et les coups sont excusables , s'ils ont été provoqués par des coups ou violences graves envers les personnes (*art*. 321).

S'ils ont été faits ou donnés en repoussant, pendant le jour , l'escalade ou l'effraction des clôtures , murs ou entrée d'une maison ou d'un appartement habité , ou de leurs dépendances (*art*. 322).

Il n'y a ni crime , ni délit , si les blessures ont été faites , ou si les coups ont été portés pendant la nuit , et dans les mêmes circonstances que ci-dessus.

Si le fait a eu lieu en se défendant contre les auteurs de vols ou de pillages exécutés avec violences (*art*. 329).

36.—BLESSURES et *coups involontaires* faites ou donnés par maladresse , imprudeuce, inattention, négligence ou inobservation des réglemens, ne sont point des crimes (*art.* 320).

Il est évident que ces circonstances n'appartiennent point aux *rixes,* et qu'elles ne peuvent servir d'excuses aux blessures et coups dont il est question dans les articles 309 et 310.

37. — BRIS DE SCELLÉS. Quiconque a, *à dessein,* brisé des scellés sur des papiers ou effets d'un individu prévenu ou accusé d'un crime emportant la peine de mort, des travaux forcés à perpétuité ou de la déportation, ou qui soit condamné à l'une de ces peines ; ou participé au bris des scellés (*art.* 251).

38. — Si le bris des scellés a été commis avec violence contre les personnes (*art.* 256).

C

39. — CASTRATION. Le fait de castration est criminel.

Le crime est plus grave, si la mort en est résultée avant l'expiration des quarante jours qui l'ont suivi (*art.* 316).

Il est excusable, s'il a été immédiatement provoqué par un outrage violent à la pudeur (*art.* 325).

(35)

CERTIFICATS. *Voyez* Faux , N.ºs 89 ,
90 et 91.

40. — CLEFS. Le serrurier de profession
qui a contrefait.ou altéré des clefs (*art.* 399).

COALITIONS, concert de mesures. *Voy.*
Démissions , N.° 47.

COMPLICES. *Voyez* les Dispositions générales , page 20.

Les fonctionnaires ou officiers publics.
Voyez Abus d'autorité , N.° 2.

COMPLOTS contre l'Empereur , sa famille , et contre la sûreté de l'Etat. *Voyez*
Attentats, N.° 10 et suivans.

'41. — COMPLOTS. Tout concert de mesures pratiqué , soit par la réunion d'individus ou de corps dépositaires de quelque partie de l'autorité publique , soit par députation
ou correspondance entre eux contre l'*exécution* des lois , ou contre les *ordres* du Gouvernement (*art.* 124).

Ou contre la sûreté intérieure de l'Etat
(*art.* 125).

CONCERT de mesures. *Voyez* Complots,
N.° 41.

42. — CONCUSSIONS. Tous fonctionnaires , tous officiers publics , tous percepteurs

3*

des droits , taxes , contributions , deniers , revenus publics ou communanx , qui se sont rendus coupables du crime de concussion , en ordonnant de percevoir , ou en exigeant ou recevant ce qu'ils savoient n'être pas dû., ou excéder ce qui étoit dû pour droits , etc. ou pour salaires ou traitemens (*art.* 174).

CONTREFAÇON de Sceaux , timbres , poinçons , marteaux , marques, feuilles de route, écritures de commerce ou privée. *Voy.* Faux , N.° 72 et suivans.

CORRESPONDANCE criminelle. *Voyez* les N.ᵒˢ 108 et 109.

43.—CORRUPTION. Tout fonctionnaire public de l'ordre administratif ou judiciaire , tout agent ou préposé d'une administration publique qui a agréé des offres ou promesses , ou reçu des dons ou présens pour faire un acte de sa fonction ou de son emploi , même juste , mais non sujet à salaire.

Ou qui , par offres ou promesses agréées , dons ou présens reçus , s'est abstenu de faire un acte qui entroit dans l'ordre de ses devoirs (*art.* 177).

44.— A plus forte raison , si la corruption a eu pour objet un fait criminel (*art.* 178).

45. — Quiconque a contraint par voies de fait ou menaces , corrompu par promesses , offres , dons ou présens , un fonctionnaire , agent ou préposé de la qualité ci-dessus désignée , pour obtenir , soit une opinion favorable , soit des procès-verbaux , états , certificats ou estimations contraires à la vérité , soit des places , emplois , adjudications , entreprises ou autres bénéfices quelconques , soit enfin tout autre acte du ministère du fonctionnaire , agent ou préposé (*art.* 179).

Les tentations sans succès sont des *délits.*

46. — Tout juge ou administrateur qui s'est décidé par faveur pour une partie , ou par inimitié contre elle (*art.* 183).

CULTES. *Voyez* Ministres des cultes , N.º 129 et suivans.

D.

DÉLÉGUÉS outragés. *Voyez* Outrages , N.º 156.

DÉMENCE. *Voyez* les Dispositions générales , page 19.

47. — DÉMISSION. Les fonctionnaires publics qui ont , par *délibération ,* arrêté de donner des démissions dont l'objet ou l'effet seroit d'empêcher ou de suspendre , soit l'ad-

ministration de la justice, soit l'accomplisse-
ment d'un seryice quelconque (*art.* 126).

DESTRUCTION de pièces. *Voyez* Soustractions , N.º 149 et suivans.

—— de registres et d'actes de l'autorité
publique. *Voyez* Incendiaires , N. 104.

48. — DESTRUCTIONS. Quiconque **a**
volontairement détruit ou renversé , par
quelque moyen que ce soit , en tout ou en
partie , des édifices , des ponts , digues ou
chaussées , ou autres constructions qu'il savoit
appartenir à autrui.

49. — S'il a commis un homicide par l'effet
de la destruction ,

50. — Ou fait des blessures (*art.* 437).

51. — Ceux qui ont pillé ou gâté des denrées ou marchandises, effets , propriétés mobilières , étant réunis en bandes et à force
ouverte (*art.* 440).

52. — Ceux qui prouvent avoir été entraînés par des provocations ou sollicitations à
prendre part à ces violences (*art.* 441).

53. — Les chefs , instigateurs ou provocateurs des pillage ou destruction de grains ,
grenailles ou farines , substances farineuses ,
pain , vin ou autre boisson (*art.* 442).

54. — DETENTIONS *illégales*. Les fonctionnaires publics chargés de la police administrative ou judiciaire, qui ont refusé ou négligé de déférer à une réclamation légale tendant à constater les détentions illégales et arbitraires, et qui ne justifient pas les avoir dénoncées à l'autorité supérieure (*art.* 119).

55. — Les procureurs généraux ou impériaux, leurs substituts, les juges ou les officiers publics, qui ont tenu ou fait retenir un individu hors des lieux déterminés par le Gouvernement ou par l'administration publique (*art.* 122). *Voy.* encore les N.ºs 5, 6 et 9.

56. — DROITS CIVIQUES. Ceux qui, par suite d'un plan concerté pour être exécuté, soit dans tout l'Empire, soit dans un ou plusieurs départemens, soit dans un ou plusieurs arrondissemens communaux, ont, par attroupemens, voies de fait ou menaces, empêché un ou plusieurs citoyens d'exercer leurs droits civiques (*art.* 110).

57. — Tout citoyen qui, étant chargé, dans un scrutin, du dépouillement des billets contenant les suffrages des citoyens, est surpris falsifiant ces billets, ou en soustrayant de la masse, ou y en ajoutant, ou inscrivant sur les billets des votans non lettrés, des noms autres

que ceux qui lui auroient été déclarés (*art.*
111).

D'autres délits regardent la police correctionnelle.

E.

ÉCRIT extorqué avec contrainte. *Voyez*
Signature, N.° 146.

ÉCRITURES publiques, ou de commerce,
ou privées fausses. *Voy*. Faux, N.ᵒˢ 82 et 83.

EFFETS publics. *Voyez* Faux, N.° 73.

EFFRACTIONS *extérieures ou intérieu-*
res (les) sont toutes violences ou dégradations commises sur les clôtures quelconques
ou meubles, pour s'y introduire ou y avoir
accès (*analyse des articles* 393, 394, 395
et 396).

Est compris dans la classe des *effractions*
intérieures, le simple enlèvement des caisses,
boîtes, ballots sous toile et cordes et autres
meubles fermés qui contiennent des effets
quelconques, bien que l'effraction n'ait pas été
faite sur le lieu (*art.* 396).

EMPEREUR (l'). *Voy.* Attentats, N.° 10.

EMPOISONNEMENT. *Voyez* Meurtre,
N.° 124.

58. — E N F A N S. Ceux qui ont enlevé,
recélé ou supprimé un enfant, substitué un

enfant à un autre, ou supposé un enfant à une femme qui n'est pas accouchée.

Ceux qui, étant chargés d'un enfant, ne le représentent point aux personnes qui ont le droit de le réclamer (*art.* 345).

59. — Si, par suite de l'exposition d'un enfant au dessous de l'âge de sept ans accomplis, ou de son délaissement et exposition par ses tuteurs ou tutrices, instituteurs ou institutrices, l'enfant est demeuré mutilé ou estropié, l'action sera considérée comme blessures *volontaires* faites par ceux qui l'ont exposé et ceux qui ont donné l'ordre de le faire ; et si la mort s'en est suivie, l'action sera considérée comme meurtre (*art.* 351). *Voyez* Mineurs.

ENFANS au dessous de seize ans. *Voyez* les Dispositions générales, page 21.

ENCLOS. *Voyez* Parcs, N.º 137 *bis*.

ENLÈVEMENT de mineurs. *Voyez* Mineurs, N.º 126.

—— de pièces. *Voy.* Soustractions, N.º 147 et suivans.

ENROLEMENT de soldats. *Voyez* Attentats contre l'Empereur et l'Etat, N.º 15.

ENTREPRENEURS de services publics. *Voyez* Fournisseurs, N.ºs 98, 99 et 100.

ESCALADE (l') est l'entrée dans un lieu quelconque clos, par dessus les murs, portes, toitures ou toute autre clôture ;

Et par une ouverture souterraine autre que celle qui a été établie pour servir d'entrée (*art.* 397).

60.—ÉVASIONS. Les huissiers, les commandans en chef ou en sous-ordre, soit de la gendarmerie, soit de la force armée servant d'escorte ou garnissant les postes ; les concierges, gardiens, geoliers, et tous autres préposés à la conduite, au transport ou à la garde des détenus qui, par *connivence*, ont laissé évader un prévenu de crime ou un condamné pour crime (*art.* 239 et 240).

61.—Les tiers qui ont procuré ou facilité l'évasion avec violence ou bris de prison, dans le cas de connivence (*art.* 241).

62.—Les mêmes qui l'ont procurée ou facilitée en corrompant les gardiens ou geoliers, ou de *connivence* avec eux (*art.* 142).

63.—Les gardiens et conducteurs qui ont participé à une évasion favorisée par transmission d'armes et bris ou violence ;

64.—Et les autres personnes (*art.* 243).

65.—EXCÈS *de pouvoir*. Les juges, les procureurs généraux ou impériaux ou leurs substituts , les officiers de police , qui se sont immiscés dans l'exercice du pouvoir législatif, soit par des réglemens contenant des dispositions législatives , soit en arrêtant ou suspendant l'exécution d'une ou de plusieurs lois , soit en délibérant sur le point de savoir si les lois seront publiées ou exécutées.

Les mêmes qui se sont immiscés dans les matières attribuées aux autorités administratives , soit en faisant des réglemens sur ces matières , soit en défendant d'exécuter les ordres émanés de l'administration, ou qui, ayant permis et ordonné de citer des administrateurs pour raison de l'exercice de leurs fonctions , auroient persité dans l'exécution de leurs jugemens ou ordonnances , nonobstant l'annullation qui en auroit été prononcée , ou le conflit qui leur auroit été notifié (*art.* 127).

66.— Les préfets, sous-préfets , maires et autres administrateurs, qui se sont immiscés dans l'exercice du pouvoir législatif, comme il est dit ci-dessus, art. 127 , ou qui se sont ingérés de prendre des arrêtés généraux tendant à intimer des ordres ou des défenses quelconques à des cours ou tribunaux(*art.*130).

EXCUSES. Nul crime ne peut être excusé, ni la peine mitigée , que dans les cas et dans les circonstances où la loi déclare le fait excusable, ou permet de lui appliquer une peine moins rigoureuse (*art.* 65).

67.—**EXIL**. Celui qui, condamné à s'éloigner pendant cinq à dix ans du lieu où siége un magistrat qu'il a outragé, enfreint cet ordre avant l'expiration du temps fixé (*art.* 229).

F.

68.—**FABRIQUES**. Tout directeur, commis, ouvrier de fabrique, qui a communiqué à des étrangers ou à des Français résidant en pays étranger, des secrets de la fabrique où il est employé (*art.* 418).

FAILLITE des agens de change ou courtiers. *Voyez* Banqueroutiers, N.os 28 et 29..

FALSIFICATION de vins, liqueurs et autres marchandises. *Voyez* le N.º 167.

FAMILLE impériale. *Voyez* Attentats, N.º 10.

FAUSSES-CLEFS, sont tous crochets, rossignols, passe-partout, clefs imitées, contrefaites, altérées, ou qui n'ont pas été destinées par le propriétaire, locataire, aubergiste ou logeur, aux serrures, cadenas, ou aux fermetures quelconques auxquelles le coupable les a employées (*art.* 398).

69.—FAUSSE MONNOIE. Quiconque a contrefait ou altéré les monnoies d'or ou d'argent ayant cours légal en France, ou participé à l'émission ou l'exposition desdites monnoies contrefaites ou altérées, ou à leur introduction sur le territoire français (*art.* 152).

70.—Ou les monnoies de billion ou de cuivre (dans les mêmes circonstances) (*art.* 133).

71.—Celui qui a, en France, contrefait ou altéré des monnoies étrangères, ou participé à l'émission, exposition ou introduction de ces monnoies contrefaites ou altérées (*art.* 134).

« La *participation* ne s'applique pas à ceux qui, ayant reçu ces pièces françaises ou étrangères pour bonnes, les ont remises en circulation.

Ceux qui, avant, avoient fait vérifier leur vice, ne sont soumis qu'à une amende (*art.* 135).

Sont excusables les *faux monnoyeurs* qui, avant la consommation du crime et avant toutes poursuites, ont révélé les auteurs ; ou, après les poursuites commencées, ont procuré l'arrestation des coupables, sauf leur mise en surveillance sous la haute police (*art.* 138).

72.—FAUX. Ceux qui ont contrefait le

sceau de l'État ou fait *sciemment* (*art.* 163) usage du sceau contrefait ;

73.—Qui ont contrefait ou falsifié, soit des effets émis par le trésor public *avec* son timbre, soit des billets de banque *autorisés par la loi*, ou qui auront *sciemment* (*art.* 163) fait usage de ces effets et billets contrefaits ou falsifiés, ou qui les auront introduits dans l'enceinte du territoire français (*art.* 139).

74. — Ceux qui ont contrefait ou falsifié, soit un ou plusieurs *timbres* nationaux, soit les *marteaux* de l'Etat servant aux marques forestières, soit le *poinçon* ou les poinçons servant à marquer les matières d'or ou d'argent ; ou qui ont *sciemment* (*art.* 163) fait usage des papiers, effets, timbres, marteaux ou poinçons falsifiés ou contrefaits (*art.* 140).

75. — Quiconque s'est indûment procuré les vrais timbres, marteaux ou poinçons ci-dessus désignés, et en a fait une application ou usage préjudiciable aux droits ou intérêts de l'Etat (*art.* 141).

76. — Ceux qui ont contrefait les *marques* destinées à être apposées au nom du Gouvernement sur les diverses espèces de denrées ou de marchandises, ou qui ont fait usage de ces fausses marques (*art.* 142).

77. **FAUX**. Celui qui a fait une fausse signature du nom d'un *ministre* ou d'un fonctionnaire public, et ceux qui en ont *sciemment*
fait usage pour attenter à la liberté individuelle ou de l'exercice des droits civiques , ou
aux constitutions de l'Empire *(art.* 118).

78. — Ceux qui ont contrefait le sceau ,
timbre ou marque d'une autorité quelconque ,
ou d'un établissement particulier de banque
ou de commerce , ou qui ont *sciemment (art.*
163) fait usage des sceaux , timbres ou marques contrefaits *(art.* 142).

79. — Ceux qui s'étant indûment procuré
les vrais sceaux , timbres ou marques ci-dessus désignés , en ont fait une application ou
usage préjudiciable aux droits ou intérêts de
l'Etat , d'une autorité quelconque , ou même
d'un établissement particulier *(art.* 143).

80. — Tout fonctionnaire ou officier public , qui , dans l'exercice de ses fonctions , a
commis un faux , soit par fausses signatures ,
soit par altération des actes , écritures ou signatures , soit par supposition de personnes ,
soit par des écritures faites ou intercalées sur
des registres ou d'autres actes publics , depuis
leur confection ou clôture *(art.* 145).

81. — Tout fonctionnaire ou officier public

qui, en rédigeant des actes de son ministère, en a frauduleusement dénaturé la substance ou les circonstances, soit en écrivant des conventions autres que celles qui auroient été tracées ou dictées par les parties, soit en constatant comme vrais des faits faux, ou comme avoués des faits qui ne l'étoient pas (*art.* 146).

82.—Toutes autres personnes qui ont commis un faux en écriture authentique et publique, ou en écriture de commerce ou de banque.

83. — Ou en écriture privée, soit par *contrefaçon* ou *altération* d'écritures ou de signatures ; — soit par fabrication de conventions, dispositions, obligations ou décharges, ou par leur insertion après-coup dans ces actes ; — soit par addition ou altération de clauses, de déclarations ou de faits que ces actes avoient pour objet de recevoir et de constater (*art.* 147 et 150). *Voyez* les Observations générales.

84. — Ceux qui *sciemment* (*art.* 163) ont fait usage de ces faux (*art.* 148).

85. — L'officier public qui, instruit de la supposition de nom, a néanmoins délivré un *passeport* sous un nom supposé (*art.* 155).

86. — Quiconque a fabriqué une fausse
feuille

feuille de route, ou en a falsifié une véritable, ou a fait *sciemment* (*art.* 165) usage d'une feuille de route fabriquée ou falsifiée ; *si* le trésor public a payé au porteur des frais de route qui ne lui étoient pas dus ou qui excédoient ceux auxquels il avoit droit (*art.* 156).

87. — Ou s'est fait délivrer une feuille de route sous un nom supposé (*art.* 157).

88. — L'officier public qui a délivré la feuille de route, étant instruit de la supposition de nom (*art.* 158).

89. — Tout médecin, chirurgien ou autre officier de santé, qui, mu par dons ou promesses, a, pour favoriser quelqu'un, certifié faussement des maladies ou infirmités propres à dispenser d'un service public.

90. — Les corrupteurs (*art.* 160).

91. — Les auteurs de *faux certificats* de toute autre nature, et d'où il pouvoit résulter, soit lésion envers des tiers, soit préjudice envers le trésor public (*art.* 162).

92. FAUX *Témoignage.* Le faux témoin en faveur ou contre l'accusé est criminel.

93. — Si son faux témoignage a aggravé la peine de l'accusé (*art.* 361).

94. — Le faux témoin en matière correctionnelle, de police ou civile (*art.* 362 et 363).

95. — S'il a reçu de l'argent , une récompense quelconque ou des promesses (*art.* 364).

96. — Celui qui a suborné des témoins (*art.* 365).

FAVEUR. *Voyez* Corruption , N.° 46.

FEUILLES de route. *Voy.* Faux, N.os 86, 87 et 88.

FONCTIONNAIRES publics (crimes des). *Voyez* Abus d'autorité , N.os 1 et 2.—Accusation omise, 3. — Attentats à la liberté des citoyens, 91.—Détentions illégales, 54 et 55. — Complots, 41. — Concussions, 42. —Corruption, 43, 44 et 46. — Démissions concertées, 47. — Excès de pouvoir, 65 et 66. — Faux , 80 , 81 , 85, 88 et 91. — Forfaiture, 97. — Fournitures pour le Gouvernement, 100. — Intelligences avec les ennemis de l'Etat, 111.—Plans livrés, 112 et 113.—Poursuites illégales contre des ministres , etc. 138. — Représailles de la part de l'étranger, 144. — Soustractions , 149 et suivans. — Viol , 156.

97. FORFAITURE. Tout crime commis par un fonctionnaire public dans ses fonctions est une forfaiture (*art.* 166).

98. — FOURNISSEURS. Tous individus

chargés, comme membres de compagnies, ou individuellement, de fournitures, d'entreprises, ou régies pour le compte des armées de terre et de mer, qui, sans y avoir été contraints par une force majeure, ont fait manquer le service dont ils sont chargés (*art*. 430).

99. — Ou leurs agens (*art*. 431).

100. — Les fonctionnaires publics, les agens ou préposés du Gouvernement, qui ont aidé les coupables à faire manquer le service (*art*. 432).

G

GOUVERNEMENT. *Voyez* Attentats, N.° 10.

GUET-APENS. *Voyez* Meurtre, N.° 121.

H

HOMICIDE contre l'Empereur ou les membres de la famille impériale. *Voyez* Attentats), N.° 10.

— contre les particuliers. *Voyez* Meurtre, N.° 120 et suivans.

HOSTILITÉS non approuvées. *Voyez* Intelligences, N.° 117.

I

101. — INCENDIAIRES. Quiconque a *volontairement* mis le feu à des édifices, navires, bateaux, magasins, chantiers, forêts, bois, taillis ou récoltes, soit sur pied, soit abattus, soit aussi que les bois soient en tas ou en cordes, et les récoltes en tas ou en meules ; ou à des matières combustibles placées de manière à communiquer le feu à ces choses ou à l'une d'elles (*art.* 434).

102. — Ceux qui ont détruit, par l'effet d'une mine, des édifices, navires ou bateaux (*art.* 435).

103. — Ceux qui ont menacé d'incendier une habitation ou toute autre propriété, avec ordre de déposer une somme d'argent dans un lieu indiqué, ou de remplir toute autre condition (*art.* 436 *et* 305).

104. — Quiconque a *volontairement* brûlé ou détruit d'une manière quelconque des registres, minutes ou actes de l'autorité publique, ou des effets de commerce ou de banque (*art.* 439).

105. — Tout individu qui a incendié, ou détruit par l'explosion d'une machine, des édifices, magasins, arsenaux, vaisseaux

ou autres propriétés appartenant à l'Etat (*art.* 95).

INFANTICIDE. *Voy.* Meurtre, N.º 123.

INIMITIÉ. *Voyez* Corruption, N.º 46.

106. — INTELLIGENCES. Quiconque a pratiqué des machinations ou entretenu des intelligences avec les puissances étrangères ou leurs agens, pour les engager à commettre des hostilités ou entreprendre la guerre avec la France, ou pour leur en procurer les moyens (*art.* 76).

107. — Ceux qui ont pratiqué des manœuvres ou entretenu des intelligences avec les ennemis de l'Etat, à l'effet de faciliter leur entrée sur le territoire et dépendances de l'Empire Francais, ou de leur livrer des villes, forteresses, places, postes, ports, magasins, arsenaux, vaisseaux ou bâtimens appartenant à la France, ou de fournir aux ennemis des secours en soldats, hommes, argent, vivres, armes ou munitions, ou de seconder les progrès de leurs armes sur les possessions ou contre les forces françaises de terre ou de mer, soit en ébranlant la fidélité des officiers, soldats, matelots ou autres envers l'Empereur et l'Etat, soit de toute autre manière (*art.* 77).

108. — Ceux dont la correspondance avec

les sujets d'une puissance ennemie a pour résultat de fournir aux ennemis des instructions
nuisibles à la situation militaire ou politique
de la France ou de ses alliés.

109. — Ceux dont cette correspondance est
la suite d'un concert constituant un fait d'es-
pionnage (*art.* 78).

110. — Ceux qui, dans les cas des articles
76 et 77, agissoient contre les alliés de la
France, agissant contre l'ennemi commun
(*art.* 79).

111. — Tout fonctionnaire public, tout
agent du Gouvernement ou toute autre personne qui, chargée ou instruite officiellement
ou à raison de son état, du secret d'une négociation ou d'une expédition, l'a livré aux
agens d'une puissance étrangère ou de l'ennemi (*art.* 80).

112. — Tout fonctionnaire public, tout
agent, tout préposé du Gouvernement et
chargé, à raison de ses fonctions, du dépôt
des *plans* des fortifications, arsenaux, ports
ou rades, qui a livré ces plans ou l'un de ces
plans à l'ennemi ou aux agens de l'ennemi.

113. — S'il a livré ces *plans* aux agens
d'une puissance étrangère, neutre ou alliée
(*art.* 81).

114. — Toute autre personne qui, étant parvenue par corruption, fraude ou violence, a soustraire lesdits *plans*, les a livrés ou à l'ennemi ou aux agens d'une puissance étrangère.

115. — Ceux de cette classe qui possédoient ces *plans* sans crime, et les ont remis à l'ennemi ou à ses agens (*art.* 82).

116. — Quiconque a recélé ou fait recéler les *espions* ou les *soldats ennemis* envoyés à la découverte, et qu'il a *connus* pour tels (*art.* 83).

117. — Quiconque a, par des actions *hostiles* non approuvées par le Gouvernement, exposé l'Etat à une déclaration de guerre.

118. — Et si la guerre s'en est suivie (*art.* 84).

M

MACHINATIONS contre la tranquillité de l'Etat. *Voyez* Intelligences, N.ᵒˢ 106 et 107.

MAGISTRATS *outragés*. *Voyez* Outrages, N.ᵒˢ 135, 136 et 137.

MAISON *habitée*. Est réputée telle, tout bâtiment, logement, loge, cabane même mobile, qui, sans être actuellement habité, est destiné à l'habitation, et tout ce qui en dépend, comme cours, basses-cours, granges , écuries , édifices qui y sont enfermés , quel qu'en soit l'usage , et quand même ils auroient une clôture particulière dans la clôture ou enceinte générale (*art.* 390).

Les parcs mobiles , destinés à contenir du bétail dans la campagne, sont réputés dépendans de maison habitée, lorsqu'ils tiennent aux cabanes mobiles, ou autres abris destinés aux gardiens (*art.* 392).

MALFAITEURS. *Voy.* Meurtre, N.º 125.

MANOEUVRES contre la tranquillité de l'Etat. *Voyez* Intelligences, N.º 107.

MANUFACTURES , secrets de fabrique. *Voyez* le N.º 68.

MARQUES. *Voyez* Faux , N.ºˢ 78 et 79.

MARTEAUX. *Voyez* Faux, N.º 74.

119.—MENACES. Quiconque a menacé , par écrit anonyme ou signé, d'assassinat, d'empoisonnement , ou de tout autre attentat contre les personnes qui seroit punissable de la peine de mort, *dans le cas* où la menace a été faite avec ordre de déposer une somme d'argent dans un lieu indiqué , ou de remplir toute autre condition (*art.* 305).

MENDIANS. *Voyez* Vagabonds , N.º 154.

MEURTRE. L'homicide commis *volontairement* est un crime (*art.* 295).

120.—Le meurtre est simple, lorsqu'il n'a pas été précédé, accompagné ou suivi d'un autre crime ou délit (*art.* 304).

Il est excusable (et la peine réductible), s'il a été provoqué par des coups ou violences graves envers les personnes (*art.* 321).

S'il a été commis en repoussant, pendant le jour, l'escalade ou l'effraction des clôtures, murs ou entrée d'une maison ou d'un appartement habité ou de leurs dépendances (*art.* 322). *Voyez* Maison habitée.

Il n'y a pas de crime, si le meurtre a été commis pendant la nuit, et dans les autres circonstances ci-dessus.

Si le fait a eu lieu en se défendant contre les auteurs de vol ou de pillage exécuté avec violence (*art.* 329).

Il est excusable (et la peine réductible) si la vie de l'un des époux étoit mise en péril par l'autre dans le moment même où le meurtre a eu lieu.

Si le meurtre a été commis par l'époux sur son épouse, ainsi que sur le complice, à l'instant où il les a surpris en flagrant délit dans la maison conjugale (*art.* 324).

S'il a eu lieu *involontairement* par maladresse, imprudence, inattention, négligence, ou inobservation des réglemens (de police municipale et de voirie) (*art.* 519).

Il est évident que ces circonstances excusables ne sont point applicables aux meurtres qui résultent des rixes.

121.—Tout meurtre, commis avec préméditation ou de guet-apens, est qualifié *assassinat (art.* 296).

La *préméditation* consiste dans le dessein formé avant l'action , d'attenter à la personne d'un individu déterminé , ou même de celui qui sera trouvé ou rencontré , quand même ce dessein seroit dépendant de quelque circonstance ou de quelque condition (*art.* 297).

Le *guet-apens* consiste à attendre plus ou moins de temps , dans un ou divers lieux , un individu , soit pour lui donner la mort , soit pour exercer sur lui des actes de violence (*art.* 298).

122.—Est qualifié *parricide ,* le meurtre des père ou mère légitimes , naturels ou adoptifs , ou de tout autre ascendant légitime (*art.* 299).

Il n'est jamais excusable.

123.—Est qualifié *infanticide ,* le meurtre d'un enfant nouveau-né (*art.* 300).

124.—Est qualifié *empoisonnement ,* tout

attentat à la vie d'une personne , par l'effet de substances qui peuvent donner la mort plus ou moins promptement, de quelque manière que ces substances aient été employées ou administrées , et quelles qu'en aient été les suites (*art.* 301).

125.—Les *malfaiteurs*, quelle que soit leur dénomination, qui , pour l'exécution de leurs crimes , emploient des tortures ou commettent des actes de barbarie , sont considérés comme *assassins* (*art.* 303). *Voyez* Tentatives de crimes.

MILITAIRES (crimes des). — Attentats contre le Gouvernement, N.ᵒˢ 17, 18 et 19.— Evasions, 60.—Intelligences avec les ennemis, 106 et suiv.—Hostilités non autorisées , 117.

126.—MINEURS. Quiconque a, par fraude ou violence, enlevé ou fait enlever des mineurs, ou les a entraînés , détournés ou déplacés, ou les a fait entraîner , détourner ou déplacer des lieux où ils étoient mis par ceux à l'autorité ou à la direction desquels ils étoient soumis ou confiés (*art.* 354).

127.—Si la personne enlevée ou détournée est une fille au dessous de 16 ans accomplis (*art.* 355).

128.—Si dans le cas de consentement de la

fille de moins de 16 ans , le ravisseur étoit majeur de 21 ans ou au dessus (*art.* 356).

129.—MINISTRES *des Cultes.* Tout minis-tre d'un culte qui a procédé, pour la *troisième* fois, aux cérémonies religieuses d'un mariage, sans qu'il lui ait été justifié d'un mariage préa-lablement reçu par les officiers de l'état civil (*art.* 200).

130.—Si son discours , dans l'exercice de son ministère, et en assemblée publique , con-tient une provocation directe à la désobéis-sance aux lois ou autres actes de l'autorité pu-blique, ou s'il tend à soulever ou armer une partie des citoyens contre les autres , et si ce discours a donné lieu à désobéissance ou à une sédition ou révolte (*art.* 202).

131.—Ou dont l'écrit, contenant des instruc-tions pastorales, renfermeroit les mêmes pro-vocations (*art.* 205).

132.—Ou dont les instructions pastorales, en quelque forme que ce soit , renfermeront la critique ou censure, soit du Gouvernement, soit de tout acte de l'autorité publique (*art.* 204).

133.—Qui a, sur des questions ou matières religieuses , entretenu une correspondance avec une cour ou puissance étrangère , laquelle a été accompagnée ou suivie d'autres faits contraires aux dispositions formelles d'une loi ou d'un décret de l'Empereur (*art.* 208).

134.—Quiconque a frappé le ministre d'un culte dans ses fonctions (*art.* 263).

MONNOIE. *Voy.* Fausse Monnoie, N.ᵒˢ 69, 70, et 71.

O

OFFICIERS ministériels outragés. *Voyez* N.ᵒ 136.

135. — OUTRAGES. Tout individu, qui, même sans armes et sans qu'il en soit résulté de blessures, a frappé un magistrat dans l'exercice de ses fonctions, ou à l'occasion de cet exercice, à l'*audience* d'une cour ou d'un tribunal (*art.* 228).

136. — Si ces violences contre un magistrat, ou contre un officier ministériel, un agent de la force publique, ou un citoyen chargé d'un ministère de service public, ont été la cause d'effusion de sang, blessures ou maladie (*art.* 230 et 231).

137. — Si, seulement, les coups ont été portés avec préméditation ou guet-apens (*art.* 232).

P

PARC ou ENCLOS. Est réputé parc ou enclos, tout terrein environné de fossés, de pieux, de claies, de planches, de haies vives ou sèches, ou de murs de quelque espèce de matériaux que ce soit, quelles que soient la hauteur, la profondeur, la vétusté, la dégradation de ces diverses clôtures, quand il n'y auroit pas de porte fermant à clefs, ou autrement, ou quand la porte seroit à claire-voie et ouverte habituellement (*art.* 391).

Sont également réputés enclos, les parcs mobiles destinés à contenir du bétail dans la campagne, de quelque matière qu'ils soient faits (*art.* 392).

PARRICIDE. *Voyez* Meurtre, N.° 122.

PILLAGE. *Voyez* Destructions, N.° 51.

PLANS livrés aux ennemis de l'Etat ou à des puissances étrangères. *Voyez* Intelligences, N.°ˢ 112 et suivans.

POINÇONS. *Voyez* Faux, N.°ˢ 74 et 75.

138. — POURSUITES illégales. Tout officier de police judiciaire, tous procureurs généraux ou impériaux, tous substituts, tous juges qui ont provoqué, donné ou signé un

jugement , une ordonnance où un mandat ,
tendant à la poursuite personnelle ou accusation d'un ministre , d'un membre du sénat ou
du conseil d'Etat, ou du corps législatif , sans
les autorisations prescrites par les constitutions ; ou qui , hors les cas de flagrant délit
ou de clameur publique , ont , sans les mêmes
autorisations , donné ou signé l'ordre ou le
mandat de saisir ou arrêter un ou plusieurs
de ces fonctionnaires désignés (*art.* 121).

PRÉMÉDITATION. *Voyez* Meurtre ',
N.º 121.

139. — PROVOCATEURS. Sont crimi-
nels les crieurs , afficheurs , vendeurs et distributeurs d'écrits contenant quelques provocations à des crimes, s'ils n'ont fait connoître ceux dont ils tiennent l'écrit imprimé
(*art.* 285).

140.—Ceux qui par des discours tenus dans
des lieux ou réunions publics , ou par des placards affichés , ou par des écrits imprimés,
ont produit une rebellion contre l'exécution
des lois, ou des ordres , ou ordonnances de
l'autorité publique (*art.* 217). *Voyez* le
N.º 143.

Ceux de réunions séditieuses qui ont fait
des menaces pour se procurer de l'argent , ou

des blessures volontaires (*art.* 3i3). *Voyez* Blessures volontaires.

R

141. — REBELLION. Toute attaque par plus de *vingt* personnes *armées* ou *non armées,* toute résistance avec violence ou voies de fait envers les officiers ministériels , les gardes champêtres ou forestiers , la force publique , les préposés à la perception des taxes et des contributions , leurs porteurs de contraintes, les préposés des douanes, les séquestres , les officiers ou agens de la police administrative ou judiciaire agissant pour l'exécution des lois , des ordres ou ordonnances de l'autorité publique , des mandats de justice ou jugemens (*art.* 209).

142. — Par *trois* personnes *armées* jusqu'à vingt inclusivement (*art.* 211).

143. — Sont également coupables de crime ceux qui y ont provoqué , soit par des discours tenus dans des lieux ou réunions publics , soit par placards affichés , soit par écrits imprimés , qui ont été suivis de la rebellion (*art.* 217).

Si la rebellion n'a pas eu lieu , ils ne sont pas justiciables de la cour d'assises.

Toute

Toute réunion d'individus pour commettre un crime ou un délit , est réputée réunion *armée,* lorsque plus de deux personnes portent des armes ostensibles (*art.* 214).

Les personnes qui se trouvent munies d'armes cachées , et qui ont fait partie d'une troupe *non réputée armée,* sont considérées comme ayant fait partie d'une troupe ou réunion armée (*art.* 215).

REBELLION avec bande ou attroupement. *Voyez* Attentats , N.ºs 20, 21 et 22.

RECÉLEURS d'espions ou de soldats ennemis. *Voyez* Intelligences , N.° 116.

RÉGISSEURS de services publics. *Voyez* Fournisseurs , N.° 98 et suiv.

144. — REPRÉSAILLES. Quiconque a , par des actes non approuvés par le Gouvernement, exposé des Français à éprouver des représailles (*art.* 85).

S

SCEAU de l'Etat. *Voyez* Faux , N.° 72.

SCELLÉS (Bris de) *Voyez* N.° 37, et Vol, N.° 164.

SECRETS de Fabrique. *Voyez* le N.° 68.

145. — SERMENT. Celui à qui le serment

a été déféré ou référé en matière civile, et qui a fait un faux serment (*art.* 366).

SERRURIER. *Voyez* Clefs contrefaites, N.° 40.

146.—**SIGNATURE** ou *écrit.* Quiconque a extorqué par force, violence ou contrainte, la signature ou la remise d'un écrit, d'un acte, d'un titre, d'une pièce quelconque contenant ou opérant obligation, disposition ou charge (*art.* 400).

147.—**SOUSTRACTIONS.** Tout percepteur, tout commis à une perception, dépositaire ou comptable public, qui a détourné ou soustrait des deniers publics ou privés, ou effets actifs en tenant lieu, ou des pièces, titres, actes, effets mobiliers qui étoient entre ses mains en vertu de ses fonctions, si les choses détournées ou soustraites sont d'une valeur au dessus de 3000 fr. (*art.* 169).

148.—Ou si cette valeur égale ou excède ; soit le tiers de la recette ou du dépôt, s'il s'agit de deniers ou effets une fois reçus ou déposés ; soit le cautionnement, s'il s'agit d'une recette ou d'un dépôt attaché à une place sujette à cautionnement ; soit enfin le tiers du produit commun de la recette pendant un mois, s'il s'agit d'une recette composée de

rentrées successives et non sujette à cautionnement (*art.* 170).

149.—Tout juge, administrateur, fonctionnaire ou officier public, qui a détruit, supprimé, soustrait ou détourné les actes et titres
dont il étoit dépositaire en cette qualité, ou
qui lui avoient été remis ou communiqués à
raison de ses fonctions.

150.—Tous agens, préposés ou commis,
soit du Gouvernement, soit des dépositaires
publics, qui se sont rendus coupables des
mêmes soustractions (*art.* 173).

151.—Quiconque s'est rendu coupable de
soustractions, enlèvemens ou destructions de
pièces ou de procédures criminelles, ou d'autres papiers, registres, actes et effets contenus
dans des archives, greffes ou dépôts publics,
ou remis à un dépositaire public en cette qualité (*art.* 254).

152.— Si la soustraction, etc. a été commise avec violence envers les personnes (*art.*
256). *Voyez* Violences.

T

153.—TENTATIVES. Toute tentative de
crime, qui a été manifestée par des actes exté-
rieurs et suivie d'un commencement d'exécu-

tion, est considérée comme le crime même, si elle n'a été suspendue ou n'a manqué son effet que par des circonstances fortuites ou indépendantes de la volonté de l'auteur (*art.* 2).

TIMBRES. *Voyez* Faux , N.º 72 et suiv.

V

154.—VAGABONDS. Tout vagabond ou *mendiant,*qui aura exercé quelque acte de violence que ce soit envers les personnes , sera puni de la réclusion , sans préjudice de peines plus fortes, s'il y a eu lieu , à raison du genre et des circonstances de la violence (*art.* 279).

Tout vagabond ou mendiant, qui aura commis un crime emportant la peine des travaux forcés à temps , sera en outre marqué.

VENGEANCE. *Voy.* Corruption , N.º 46.

155.—VIOL. Quiconque a commis le crime de viol , ou s'est rendu coupable de tout autre attentat à la pudeur, consommé ou tenté avec violence contre des individus de l'un ou de l'autre sexe (*art.* 331).

156.—Si le crime a été commis sur la personne d'un enfant au dessous de l'âge de 15 ans accomplis (*art.* 332).

Si l'attentat a été commis par des person-

nes qui ont autorité sur celle qu'ils ont ou-
tragée, par ses instituteurs ou ses serviteurs à
gages, des fonctionnaires publics ou ministres d'un culte, ou si le coupable, quel qu'il
soit, a été aidé dans son crime par une ou
plusieurs personnes (*art.* 333).

157.—VIOLENCE. La violence aggrave le
crime dont elle a été l'objet; mais elle est soumise aux peines des autres crimes qui en sont
résultés, s'ils sont plus graves que le crime,
qui y a donné lieu.

VIOLENCES envers les magistrats, officiers ministériels, agens de la force publique
ou un citoyen chargé d'un ministère de service public. *Voyez* Outrages.

158.—VOL. Quiconque a soustrait frauduleusement une chose qui ne lui appartient
pas, est coupable de vol (*art.* 379).

159.—Sont criminels au premier chef ceux
qui ont commis un vol avec la réunion des
cinq circonstances suivantes.

1.º Si le vol a été commis la nuit.

2.º S'il a été commis par une ou plusieurs
personnes.

3.º Si les coupables, ou l'un d'eux, étoient
porteurs d'armes apparentes ou cachées.

4.º S'ils ont commis le crime, soit à l'aide d'effraction extérieure ou d'escalade, ou de fausses clefs, dans une maison, appartement, chambre ou logement habités ou servant à l'habitation, ou leurs dépendances ; soit en prenant le titre d'un fonctionnaire public, ou d'un officier civil ou militaire, ou après s'être revêtus du costume ou de l'uniforme du fonctionnaire ou de l'officier, ou en alléguant un faux ordre de l'autorité civile ou militaire.

5.º S'ils ont commis le crime avec violence, ou menace de faire usage de leurs armes (*art.* 381). *Voyez* Maison habitée, Parc ou Enclos, Effractions, Escalade et Fausses Clefs.

160.—Est coupable de vol tout individu qui a soustrait frauduleusement ce qui ne lui appartenoit pas, à l'aide de violence, et de plus, avec deux des quatre premières circonstances prévues par l'art. 381.

161.—Et au même degré de criminalité, si seulement la violence employée a laissé des traces de blessures ou de contusions (*art.* 382).

162.—Ainsi que les vols commis dans les chemins publics (*art.* 383).

163.—Est criminel tout individu qui a commis un vol à l'aide d'un des moyens énoncés dans le N.º 4. de l'art. 381 , même quoique l'effraction, l'escalade ou l'usage des fausses clefs aient eu lieu dans des édifices , parcs ou enclos non servant à l'habitation et non dépendans des maisons habitées , et lors même que l'effraction n'auroit été qu'intérieure.(*art*. 384.).

164.—Tout vol, commis à l'aide de bris de *scellé* , est puni comme vol à l'aide d'*effraction* (*art*. 253).

165. — Celui qui l'a commis , soit avec violence , lorsqu'elle n'a laissé aucune trace de blessure ou contusion , et qu'elle n'a été accompagnée d'aucune autre circonstance ; soit sans violence , mais avec la réunion des trois circonstances suivantes : 1.º si le crime a été commis la nuit ; 2.º s'il a été commis par deux ou plusieurs personnes ; 3.º si le coupable , ou l'un d'eux , étoit porteur d'armes apparentes ou cachées (*art*. 385).

166. — Celui qui a commis le vol dans l'un des cas ci-après :

1.º Si le vol a été commis la nuit, et par deux ou plusieurs personnes , ou s'il a été commis avec une de ces deux circonstances seulement , mais en même temps dans un lieu habité ou servant à l'habitation.

2.º Si le coupable, ou l'un des coupables étoit porteur d'armes apparentes ou cachées, même quoique le lieu où le vol a été commis ne fût ni habité, ni servant à l'habitation, et encore quoique le vol ait été commis le jour et par une seule personne.

Si le voleur est un *domestique* ou un homme de service à gages, même lorsqu'il a commis le vol envers des personnes qu'il ne servoit pas, mais qui se trouvoient, soit dans la maison de son maître, soit dans celle où il l'accompagnoit; ou si c'est un *ouvrier, compagnon* ou *apprenti* dans la maison, l'atelier ou le magasin de son maître, ou un individu travaillant habituellement dans l'habitation où il a volé.

4.º Si le vol a été commis par un *aubergiste,* un *hôtelier,* un *voiturier,* un *batelier* ou un de leurs préposés, lorsqu'ils ont volé tout ou partie des choses qui leur étoient confiées à ce titre ; ou enfin si le coupable a commis le vol dans l'auberge ou l'hôtellerie dans laquelle il étoit reçu (*art.* 386).

167. — Les *voituriers, bateliers* ou leurs préposés qui ont altéré des vins ou toute autre espèce de liquide ou de marchandises dont le transport leur avoit été confié, et qui ont

commis cette altération par le mélange de substances malfaisantes (*art.* 387).

168. — Quiconque a volé dans les champs des *chevaux* ou *bétes de charge,* de voiture ou de monture, gros et menus *bestiaux,* des *instrumens d'agriculture ,* des *récoltes* ou meules de grains faisant partie de récoltes ;

Du *bois* dans les ventes, des *pierres* dans les carrières, ou du *poisson* en étang, vivier ou réservoir (*art.* 388).

169. — Si, pour commettre un vol, il y a eu enlèvement ou déplacement de bornes servant de séparation aux propriétés (*art.* 389). *Voyez encore* Soustractions, N.os 147 et 148.

TABLEAU

DES PEINES AFFLICTIVES ET INFAMANTES

Appliquées aux différens Crimes.

N.[os] correspondans. PEINES.

1. ——— Réclusion. — Déportation, si l'effet s'en est suivi — et autres peines à raison des autres crimes qui s'en seroient ensuivis.

2. ——— La peine supérieure à celle qui seroit appliquée aux particuliers, jusqu'à celle des travaux forcés à perpétuité.

3. ——— Dégradation civique.

4. ——— Mort.

5. ——— Travaux forcés à temps, et à perpétuité si la détention a duré plus d'un mois.

6. ——— Mort.

7. ——— Travaux forcés à temps contre les auteurs, directeurs et commandans en chef ou en sous ordre.

8. ——— Réclusion.

9. ——— Dégradation civique. — Le bannissement pour un ministre, et dommages et intérêts de 25 fr. au moins pour chaque jour de détention arbitraire.

10. ——— Mort et confiscation de biens.

11. ——— Réclusion.

12. ——— Bannissement.

N.^{os} correspondans.   P E I N E S.

13.——— Réclusion.

14.——— Mort et confiscation de biens.

15.——— *ib*. . . . . . . *ib*.

16.——— *ib* . . . . . *ib*.

17.——— *ib* . . . . . *ib*.

18.——— *ib* . . . . . *ib*.

19.——— Déportation ; ou mort et confiscation des biens, si la réquisition a eu son effet.

20.——— Mort et confiscation des biens de ceux qui y exerçoient un emploi ou commandement. Déportation contre les autres qui ont été saisis sur les lieux , et peine de mort s'ils agissoient dans le cas des articles 86 , 87 et 91 , N.ºs 10 et 14.

21.——— *ib* . . . . . *ib*.

22.——— Travaux forcés à temps.

23.——— Comme complices , N.° 14. — Bannissement, si leurs provocations n'ont été suivies d'aucun effet.

24.——— Réclusion.

25.——— Travaux forcés à temps.

26.——— *ibid*. . . . . . .

27.——— *ibid*. . . . . . .

28.——— *ibid*. . . . . . .

29.——— Travaux forcés à perpétuité.

30.——— Travaux forcés à temps.

31.——— Réclusion.

32.——— *ibid*.

33.——— Travaux forcés à temps.

N.^{os} correspondans.　　　　P e i n e s.

34. ———— Réclusion. — Travaux forcés à temps ou à
　　　　perpétuité.

35. ———— Réclusion, ou travaux forcés à temps.

36. ———— Six jours à deux mois de prison et amende
　　　　de 16 à 100 fr. — (Peine correctionnelle).

37. ———— Réclusion. — Travaux forcés à temps , si
　　　　c'est le gardien.

38. ———— Travaux forcés à temps.

39. ———— Travaux forcés à perpétuité — ou mort.

40. ———— Réclusion. — La déportation contre les
　　　　provocateurs , s'il a eu lieu entre les autori-
　　　　tés civiles et les corps ou officiers militaires.
　　　　— Mort.

41. ———— Bannissement.

42. ———— Réclusion.

43. ———— Carcan. — Réclusion contre un juge ou un
　　　　juré , ou la peine infligée injustement.

44. ———— Selon le crime.

45. ———— Carcan.

46. ———— Forfaiture , dégradation civique.

47. ———— *ibid.*

48. ———— Réclusion.

49. ———— Mort.

50. ———— Travaux forcés à temps.

51. ———— Travaux forcés à temps.

52. ———— Réclusion.

53. ———— *Maximum* des travaux forcés à temps
　　　　(vingt ans).

54. ———— Dégradation civique et dommages et intérêts.

55. ———— Dégradation civique.

56. ———— Bannissement.

N.ᵒˢ correspondans.   P E I N E S.

57. ———— Carcan.
58. ———— Réclusion.
59. ———— Réclusion. — Travaux forcés à temps.
60. ———— Réclusion — ou travaux forcés à temps pour
le condamné à mort.
61. ———— Réclusion.
62. ———— Réclusion — ou travaux forcés à temps.
63. ———— Travaux forcés à perpétuité.
64. ———— Travaux forcés à temps.
65. ———— Forfaiture , dégradation civique.
66. ———— *ibid.*
67. ———— Bannissement.
68. ———— Réclusion et amende de 5oo fr. à 20,000 fr.
69. ———— Mort et confiscation de biens.
70. ———— Travaux forcés à temps.
71. ———— *ibid.*
72. ———— Mort et confiscation de biens.
73. ———— *ibid.*
74. ———— Vingt ans de travaux forcés.
75. ———— Réclusion.
76. ———— *ibid.*
77. ———— Vingt ans de travaux forcés.
78. ———— Réclusion.
79. ———— Carcan.
80. ———— Travaux forcés à perpétuité.
81. ———— *ibid.*
82. ———— Travaux forcés à temps.
83. ———— Réclusion.
84. ———— Travaux forcés à temps. — Réclusion pour
écriture privée.
85. ———— Bannissement.

N.os correspondans.   P E I N E S.

86. ———— Bannissement , au dessous de 100 francs.—
     Réclusion à 100 francs et au dessus.
87. ———— *ib* . . . . . *ib.*
88. ———— Bannissement — réclusion — ou travaux
     forcés à temps.
89. ———— Bannissement.
90. ———— *ibid.*
91. ———— Travaux forcés à temps. — Réclusion. —
     Bannissement.
92. ———— Travaux forcés à temps.
93. ———— *ibid.*
94. ———— Réclusion.
95. ———— Travaux forcés à temps.
96. ———— Selon l'effet du faux témoignage.
97. ———— Forfaiture.
98. ———— Réclusion.
99. ———— *ibid.*
100. ———— Travaux forcés à temps.
101. ———— Mort.
102. ———— Mort.
103. ———— Travaux forcés à temps.
104. ———— Réclusion.
105. ———— Mort et confiscation de biens.
106. ———— *ib* . . . . . *ib.*
107. ———— Mort.
108. ———— Bannissement.
109. ———— Plus forte , s'il y a lieu.
110. ———— Mort et confiscation de biens.
111. ———— *ib* . . . . . *ib.*
112. ———— *ib* . . . . . *ib.*
113. ———— Bannissement.

N.^{os} correspondans.   P E I N E S.

114.———— Mort et confiscation de biens — ou bannissement dans le second cas.
115.———— Déportation.
116.———— Mort.
117.———— Bannissement.
118.———— Déportation.
119.———— Travaux forcés à temps.
120.———— Travaux forcés à perpétuité — ou un an à
cinq ans de prison, s'il est excusable.
121.———— Mort.
122.———— Le poing coupé et la mort.
123.———— Mort.
124.———— Mort.
125.———— Mort.
126.———— Réclusion.
127.———— Travaux forcés à temps.
128.———— Travaux forcés à temps.
129.———— Déportation.
130.———— Bannissement — ou autres peines, selon
la gravité des événemens.
131.———— Déportation.
132.———— Bannissement.
133.———— Bannissement — ou autres peines plus
fortes, à raison de la nature des faits.
134.———— Carcan.
135.———— Carcan.
136.———— Réclusion — ou mort, si elle s'en est suivie dans les quarante jours.
137.———— Réclusion.
138.———— Forfaiture, dégradation civique.
139.———— Réclusion.

TITRE II.

TITRE II.

DE LA COMPOSITION
Et de la Convocation du Jury.

Nul ne peut remplir les fonctions de juré, s'il n'a trente ans accomplis et s'il ne jouit des droits politiques et civils, à peine de nullité (*art. 381 du Code d'Instruction criminelle*).

Les jurés seront pris,

1.° Parmi les membres des colléges électoraux ;

2.° Parmi les trois cents plus imposés domiciliés dans le département ;

3.° Parmi les fonctionnaires de l'ordre administratif à la nomination de l'Empereur ;

4.° Parmi les docteurs et licenciés de l'une ou de plusieurs des quatre facultés de droit, médecine, sciences et belles-lettres, les membres et correspondans de l'Institut et des autres sociétés savantes reconnues par le Gouvernement ;

5.° Parmi les notaires ;

6.° Parmi les banquiers, agens de change, négocians et marchands payant patente de l'une des deux premières classes ;

7.° Parmi les employés des administrations jouissant d'un traitement de quatre mille fr. au moins.

Aucun juré ne pourra être pris que parmi les citoyens susdésignés, sauf toutefois ce qui est dit *art.* 386 (*art.* 382).

Nul ne pourra être juré dans la même affaire où il aura été officier de police judiciaire, témoin, interprète, expert ou partie, à peine de nullité (*art.* 383).

Les fonctions de juré sont incompatibles avec celles de ministre, de préfet, de sous-préfet, de juge, de procureur général et impérial près les cours et tribunaux, et de leurs substituts.

Elles sont également incompatibles avec celles de ministre d'un culte quelconque (*art.* 384).

Les conseillers d'état chargés d'une partie d'administration, les commissaires impériaux près les administrations ou régies, les septuagénaires, seront dispensés, s'ils le requièrent (*art.* 385).

Les membres du *sénat* qui ne peuvent invoquer aucune des exceptions portées aux articles 383, 384 et 385, peuvent être appelés à remplir les fonctions de juré.

Ils ne doivent être compris que dans les listes de jurés formées pour le service de la cour d'assises de Paris.

Toutes les fois qu'un sénateur appelé s'excuse, soit sur la nécessité de remplir ses fonctions de sénateur , soit pour cause d'absence autorisée , la cour d'assises ne peut se dispenser d'admettre cette excuse.

Il en est de même de toute excuse de ce genre proposée par les membres du *conseil d'état* et ceux du *corps législatif*, pendant la session de ce corps (*avis du Conseil d'Etat, approuvé le* 16 *juillet* 1811 , B. 380).

Quiconque , ne se trouvant dans aucune des classes désignées en l'article 382 , désireroit être admis à l'honneur de remplir les fonctions de juré , pourra être compris dans la liste , s'il le demande au préfet , et si , après que le préfet aura obtenu des renseignemens avantageux sur le compte du requérant et les aura transmis au ministre de l'intérieur , le ministre accorde une autorisation à cet égard.

Le préfet pourra également faire d'office la proposition au ministre (*art.* 386).

Les préfets formeront , sous leur responsabilité , une liste de jurés , toutes les fois qu'ils en seront requis par les présidens des cours d'assises. Cette réquisition sera faite quinze jours au moins avant l'ouverture de la session.

Si la cour est divisée en une ou plusieurs sections, chaque président pourra, dans le cas où le nombre des affaires l'exigeroit, requérir une liste de jurés pour la section qu'il préside.

Dans tous les cas, la liste sera composée de soixante citoyens : elle sera adressée de suite au président de la cour d'assises ou de section, qui sera tenu de la réduire à trente-six dans les vingt-quatre heures à compter du jour de sa réception, et de la renvoyer, dans le même délai, au préfet, qui la fera parvenir, ainsi qu'il sera dit ci-après, à tous ceux qui doivent la recevoir (*art.* 387).

Chaque préfet enverra la liste ainsi réduite au grand-juge ministre de la justice, au premier président de la cour impériale, au procureur général près de la même cour, au président de la cour d'assises ou de section, et de plus au procureur impérial criminel, s'il y en a un dans le département pour lequel la liste est destinée (*art.* 388).

La liste entière ne sera point envoyée aux citoyens qui la composent ; mais le préfet notifiera à chacun d'eux l'extrait de la liste qui constate que son nom y est porté. Cette notification leur sera faite huit jours au moins avant celui où la liste doit servir.

Ce jour sera mentionné dans la notification, laquelle contiendra aussi une sommation de se trouver au jour indiqué, sous les peines portées par le présent Code.

A défaut de notification à la personne, elle sera faite à son domicile, ainsi qu'à celui du maire ou de l'adjoint du lieu : celui-ci est tenu de lui en donner connoissance (*art.* 389).

La liste des jurés sera comme non avenue après le service pour lequel elle aura été formée (*art.* 390).

Le juré qui aura été porté sur une liste, et aura satisfait aux réquisitions à lui faites, ne pourra être compris sur les listes des quatre sessions suivantes, à moins toutefois qu'il n'y consente.

En adressant les nouvelles listes de jurés au grand-juge ministre de la justice, les préfets y joindront la note de ceux qui, portés sur la liste précédente, n'auroient pas satisfait aux réquisitions. Le grand-juge fera, tous les ans, un rapport sur la manière dont les citoyens inscrits sur les listes auront rempli leurs fonctions.

Si quelque fonctionnaire appelé comme

juré n'a point répondu à l'appel, le rapport l'indiquera particulièrement.

Sa Majesté Impériale se réserve de donner aux jurés, qui auront montré un zèle louable, des témoignages honorables de sa satisfaction (*art.* 391).

Nul citoyen âgé de plus de trente ans ne pourra être admis aux places administratives et judiciaires, s'il ne prouve, par un certificat de l'officier du ministère public près la cour d'assises dans le ressort de laquelle il a résidé, qu'il a satisfait aux réquisitions qui lui ont été faites toutes les fois qu'il a été inscrit sur une liste de jurés, ou que les excuses par lui proposées ont été jugées valables, ou qu'il ne lui a encore été fait aucune réquisition.

Nulle pétition ne sera admise, si elle n'est accompagnée de ce certificat (*art.* 592).

De la Formation de chaque Jury.

Nota. Il y a un jury pour chaque affaire. Ainsi, si dans une même séance, on doit s'occuper de plusieurs accusations différentes, on tire au sort autant de fois *douze* jurés qu'il y a d'affaires à juger, et à cet effet, on remet dans l'urne, pour chaque tirage, les douze jurés sortis au tirage précédent.

Le nombre de douze jurés est nécessaire pour former un jury (*art.* 393).

La liste des jurés sera notifiée à chaque accusé la veille du jour déterminé pour la formation du tableau : cette notification sera nulle , ainsi que tout ce qui aura suivi , si elle est faite plutôt ou plus tard (*art.* 394).

Dans tous les cas , s'il y a , au jour indiqué, moins de trente jurés présens non excusés ou non dispensés, le nombre de trente jurés sera complété par le président de la cour d'assises : ils seront pris , publiquement et par la voie du sort , entre les citoyens des classes désignées en l'article 382, et résidant dans la commune ; à l'effet de quoi , le préfet adressera tous les ans , à la cour , un tableau desdites personnes (*art.* 395).

Tout juré qui ne se sera pas rendu à son poste sur la citation qui lui aura été notifiée , sera condamné par la cour d'assises à une amende , laquelle sera,

Pour la première fois , de cinq cents francs;

Pour la seconde , de mille francs.

Et pour la troisième , de quinze cents francs.

Cette dernière fois , il sera de plus déclaré incapable d'exercer à l'avenir les fonctions de juré. L'arrêt sera imprimé et affiché à ses frais.

Dans tous les cas , le nom du juré condamné sera envoyé au préfet, pour être compris dans la note prescrite par l'article 391 (*art.* 396).

Seront exceptés ceux qui justifieront qu'ils étoient dans l'impossibilité de se rendre au jour indiqué.

La cour prononcera sur la validité de l'excuse (*art.* 397).

Les peines portées en l'article 396 sont applicables à tout juré qui, même s'étant rendu à son poste, se retireroit avant l'expiration de ses fonctions, sans une excuse valable, qui sera également jugée par la cour (*art.*398).

Au jour indiqué, et pour chaque affaire, l'appel des jurés non excusés et non dispensés sera fait avant l'ouverture de l'audience, en présence de l'accusé et du procureur général.

Le nom de chaque juré répondant à l'appel sera déposé dans une urne.

L'accusé premièrement et le procureur général récuseront tels jurés qu'ils jugeront à propos, à mesure que leurs noms sortiront de l'urne, sauf la limitation exprimée ci-après.

L'accusé ni le procureur général ne pourront exposer leurs motifs de récusation.

Le jury de jugement sera formé à l'instant où il sera sorti de l'urne douze noms de jurés non récusés (*art.* 399).

Le *chef* du jury sera le premier juré sorti par le sort, ou celui qui sera désigné par les jurés et du consentement de ce dernier (*art.* 342).

Ainsi, dans le cas où le *chef* désigné par le sort ne jugeroit pas à propos de signer et de prononcer la déclaration du jury, ce jury pourroit, dans cette circonstance, se nommer un autre chef.

La nomination de ce nouveau chef doit être faite à la majorité absolue, de six contre cinq, dans le cas où le chef primitif ne voudroit pas y concourir, ou de sept contre cinq dans le cas contraire.

Les récusations que pourront faire l'accusé et le procureur général, s'arrêteront, lorsqu'il ne restera que douze jurés (*art.* 400).

L'accusé et le procureur général pourront exercer un égal nombre de récusations ; et cependant, si les jurés sont au nombre impair, les accusés pourront exercer une récusation de plus que le procureur général (*art.* 401).

S'il y a plusieurs accusés, ils pourront se concerter pour exercer leurs récusations ; ils pourront les exercer séparément.

Dans l'un et l'autre cas, ils ne pourront excéder le nombre des récusations déterminées pour un seul accusé par les articles précédens (*art.* 402).

Si les accusés ne se concertent pas pour

récuser, le sort réglera entre eux le rang dans lequel ils feront les récusations. Dans ce cas, les jurés récusés par un seul, et dans cet ordre, le seront pour tous, jusqu'à ce que le nombre des récusations soit épuisé (*art.* 403).

Les accusés pourront se concerter pour exercer une partie des récusations, sauf à exercer le surplus suivant le rang fixé par le sort (*art.* 404).

· L'examen de l'accusé commencera immédiatement après la formation du tableau (*art.* 405).

Si, par quelque événement, l'examen des accusés sur les délits ou sur quelques-uns des délits compris dans l'acte ou dans les actes d'accusation, est renvoyé à la session suivante, il sera fait une autre liste ; il sera procédé à de nouvelles récusations, et à la formation d'un nouveau tableau de douze jurés, d'après les règles prescrites ci-dessus, à peine de nullité (*art.* 406).

De l'Examen des Accusés.

Au jour fixé pour l'ouverture des assises, la cour ayant pris séance, douze jurés se placeront, dans l'ordre désigné par le sort, sur des siéges séparés du public, des parties et

des témoins, en face de celui qui est destiné
à l'accusé (*art.* 309).

L'accusé comparoîtra libre, et seulement
accompagné de gardes pour l'empêcher de
s'évader. Le président lui demandera son
nom, ses prénoms, son âge, sa profession,
sa demeure et le lieu de sa naissance (*art.*
310).

Le président avertira le conseil de l'accusé,
qu'il ne peut rien dire contre sa conscience ou
contre le respect dû aux lois, et qu'il doit
s'exprimer avec décence et modération (*art.*
311).

Le président adressera aux jurés debout et
découverts, le discours suivant :

« Vous jurez et promettez devant Dieu et
» devant les hommes, d'examiner avec l'at-
» tention la plus scrupuleuse les charges qui
» seront portées contre N.; de ne trahir ni
» les intérêts de l'accusé, ni ceux de la socié-
» té qui l'accuse, de ne communiquer avec
» personne jusqu'après votre déclaration ; de
» n'écouter ni la haine ou la méchanceté, ni
» la crainte ou l'affection ; de vous décider
» d'après les charges et les moyens de dé-
» fense, suivant votre conscience et votre in-
» time conviction, avec l'impartialité et la

» fermeté qui conviennent à un homme probe
» et libre ».

Chacun des jurés, appelé individuellement par le président, répondra , en levant la main : *Je le jure;* à peine de nullité (*art.* 312).

Immédiatement après, le président avertira l'accusé d'être attentif à ce qu'il va entendre.

Il ordonnera au greffier de lire l'arrêt de la cour impériale portant renvoi à la cour d'assises, et l'acte d'accusation.

Le greffier fera cette lecture à haute voix (*art.* 313).

Après cette lecture , le président rappellera à l'accusé ce qui est contenu en l'acte d'accusation , et lui dira : « Voilà de quoi vous êtes
» accusé ; vous allez entendre les charges qui
» seront produites contre vous » (*art.* 314).

Le procureur général exposera le sujet de l'accusation ; il présentera ensuite la liste des témoins qui devront être entendus , soit à sa requête , soit à la requête de la partie civile , soit à celle de l'accusé.

Cette liste sera lue à haute voix par le greffier.

Elle ne pourra contenir que les témoins dont les noms, profession et résidence auront été notifiés , vingt-quatre heures au moins avant l'examen de ces témoins, à l'accusé, par le procureur général ou la partie civile , et au procureur général par l'accusé ; sans préjudice de la faculté accordée au président par l'article 269.

L'accusé et le procureur général pourront, en conséquence , s'opposer à l'audition d'un témoin qui n'auroit pas été indiqué ou qui n'auroit pas été clairement désigné dans l'acte de notification.

La cour statuera de suite sur cette opposition (*art.* 315).

L'examen et les débats , une fois entamés , devront être continués sans interruption , et sans aucune espèce de communication au dehors jusqu'après la déclaration du jury inclusivement. Le président ne pourra les suspendre que pendant les intervalles nécessaires pour le repos des juges, des jurés , des témoins et des accusés (*art.* 353).

' Le président ordonnera aux témoins de se retirer dans la chambre qui leur sera désignée. Ils n'en sortiront que pour déposer. Le président prendra des précautions, s'il en est besoin , pour empêcher les témoins de conférer entre eux du délit et de l'accusé , avant leur déposition (*art.* 316).

Les témoins déposeront séparément l'un

de l'autre dans l'ordre établi par le procureur général. Avant de déposer, ils prêteront, à peine de nullité, le serment de parler sans haine et sans crainte, de dire toute la vérité et rien que la vérité.

Le président leur demandera leurs noms, prénoms, âge, profession, leur domicile ou résidence, s'ils connoissoient l'accusé avant le fait mentionné dans l'acte d'accusation, s'ils sont parens ou alliés, soit de l'accusé, soit de la partie civile, et à quel degré ; il leur demandera encore s'ils ne sont pas attachés au service de l'un ou de l'autre : cela fait, les témoins déposeront oralement (*art.* 317).

Le président fera tenir note par le greffier des additions, changemens ou variations qui pourroient exister entre la déposition d'un témoin et ses précédentes déclarations.

Le procureur général et l'accusé pourront requérir le président de faire tenir les notes de ces changemens, additions et variations (*art.* 318).

Après chaque déposition, le président demandera au témoin si c'est de l'accusé présent qu'il a entendu parler : il demandera ensuite à l'accusé s'il veut répondre à ce qui vient d'être dit contre lui.

Le témoin ne pourra être interrompu : l'accusé ou son conseil pourront le questionner par l'organe du président, après sa déposition, et dire, tant contre lui que contre son témoignage, tout ce qui pourra être utile à la défense de l'accusé.

Le président pourra également demander au témoin et à l'accusé tous les éclaircissemens nécessaires à la manifestation de la vérité.

Les juges, le procureur général et les jurés auront la même faculté, en demandant la parole au président. La partie civile ne pourra faire de questions, soit au témoin, soit à l'accusé, que par l'organe du président (*art.* 319).

Chaque témoin, après sa déposition, restera dans l'auditoire, si le président n'en a ordonné autrement, jusqu'à ce que les jurés se soient retirés pour donner leur déclaration (*art.* 320).

Après l'audition des témoins produits par le procureur général et par la partie civile, l'accusé fera entendre ceux dont il aura notifié la liste, soit sur les faits mentionnés dans l'acte d'accusation, soit pour attester qu'il est homme d'honneur, de probité, et d'une conduite irréprochable.

Les citations faites à la requête des accusés seront à leurs frais, ainsi que les salaires des témoins cités, s'ils en requièrent ; sauf au procureur général impérial à faire citer à sa requête les témoins qui lui seront indiqués par l'accusé, dans le cas où il jugeroit que leur déclaration pût être utile pour la découverte de la vérité (*art.* 321).

Ne pourront être reçues les dépositions,

1.º Du père, de la mère, de l'aïeul, de l'aïeule, ou de tout autre ascendant de l'accusé ou de l'un des coaccusés présens et soumis au même débat ;

2.º Des fils, fille, petit-fils, petite-fille, ou de tout autre descendant ;

3.º Des frères et sœurs ;

4.º Des alliés aux mêmes degrés ;

5.º Du mari ou de la femme, même après le divorce prononcé ;

6.º Des dénonciateurs dont la dénonciation est récompensée pécuniairement par la loi ;

Sans néanmoins que l'audition des personnes ci-dessus désignées puisse opérer une nullité, lorsque, soit le procureur général, soit la partie civile, soit les accusés, ne se sont pas opposés à ce qu'elles soient entendues (*art.* 322).

Les

Les dénonciateurs, autres que ceux récompensés pécuniairement par la loi , pourront être entendus en témoignage ; mais le jury sera averti de leur qualité de dénonciateurs (*art.* 323).

Les témoins produits par le procureur général ou par l'accusé seront entendus dans le débat, même lorsqu'ils 'n'auroient pas préalablement déposé par écrit , lorsqu'ils n'auroient reçu aucune assignation, pourvu, dans tous les cas, que ces témoins soient portés sur la liste mentionnée dans l'art. 315 (*art.* 524).

Les témoins , par quelque partie qu'ils soient produits, ne pourront jamais s'interpeller entre eux (*art.* 325).

L'accusé pourra demander , après qu'ils auront déposé, que ceux qu'il désignera se retirent de l'auditoire , et qu'un ou plusieurs d'entre eux soient introduits et entendus de nouveau , soit séparément , soit en présence les uns des autres.

Le procureur général aura la même faculté.

Le président pourra aussi l'ordonner d'office (*art.* 326).

Le président pourra, avant , pendant ou après l'audition d'un témoin , faire retirer un ou plusieurs accusés, et les examiner séparément sur quelques circonstances du procès ; mais il aura soin de ne reprendre la suite des débats généraux qu'après avoir instruit chaque accusé de ce qui se sera fait en son absence, et de ce qui en sera résulté (*art.* 327).

Pendant l'examen, les jurés, le procureur général et les juges pourront prendre note de ce qui leur paroîtra important, soit dans les dépositions des témoins, soit dans la défense de l'accusé, pourvu que la discussion n'en soit pas interrompue (*art.* 328).

Dans le cours ou à la suite des dépositions, le président fera représenter à l'accusé toutes les pièces relatives au délit, et pouvant servir à conviction ; il l'interpellera de répondre personnellement s'il les reconnoît : le président les fera aussi représenter aux témoins, s'il y a lieu (*art.* 329).

Si, d'après les débats, la déposition d'un témoin paroît fausse, le président pourra, sur la réquisition, soit du procureur général, soit de la partie civile, soit de l'accusé, et même d'office, faire sur-le-champ mettre le témoin en état d'arrestation. Le procureur général et le président, ou l'un des juges par lui commis, rempliront à son égard, le premier, les fonctions d'officier de police judiciaire, le second , les fonctions attribuées aux juges d'instruction dans les autres cas.

Les pièces d'instruction seront ensuite transmises à la cour impériale , pour y être statué sur la mise en accusation (*art.* 33o).

Dans le cas de l'article précédent , le procureur général , la partie civile ou l'accusé , pourront immédiatement requérir , et la cour ordonner , même d'office , le renvoi de l'affaire à la prochaine session (*art.* 331).

Dans le cas où l'accusé , les témoins ou l'un d'eux ne parleroient pas la même langue ou le même idiome, le président nommera d'office, à peine de nullité, un interprête âgé de vingt-un ans au moins, et lui fera , sous la même peine, prêter serment de traduire fidèlement les discours à transmettre entre ceux qui parlent des langages différens.

L'accusé et le procureur général pourront récuser l'interprête , en motivant leur récusation.

La cour prononcera.

L'interprête ne pourra , à peine de nullité, même du consentement de l'accusé ni du procureur général , être pris parmi les témoins, les juges et les jurés (*art.* 332).

Si l'accusé est sourd - muet, et ne sait pas

écrire, le président nommera d'office pour son interprète la personne qui aura le plus d'habitude de converser avec lui.

Il en sera de même à l'égard du témoin du sourd-muet.

Le surplus des dispositions du précédent article sera exécuté.

Dans le cas où le sourd-muet sauroit écrire, le greffier écrira les questions et observations qui lui seront faites ; elles seront remises à l'accusé ou au témoin, qui donneront par écrit leurs réponses ou déclarations. Il sera fait lecture du tout par le greffier (*art*. 333).

Le président déterminera celui des accusés qui devra être soumis le premier aux débats, en commençant par le principal accusé, s'il y en a un.

Il se fera ensuite un débat particulier sur chacun des autres accusés (*art*. 334).

A la suite des dépositions des témoins , et des dires respectifs auxquels elles auront donné lieu, la partie civile ou son conseil et le procureur général seront entendus, et développeront les moyens qui appuient l'accusation.

L'accusé et son conseil pourront leur répondre.

La réplique sera permise à la partie civile et au procureur général ; mais l'accusé ou son conseil auront toujours la parole les derniers.

Le président déclarera ensuite que les débats sont terminés (*art.* 335).

Le président résumera l'affaire.

Il fera remarquer aux jurés les principales preuves pour ou contre l'accusé.

Il leur rappellera les fonctions qu'ils auront à remplir.

Il posera les questions ainsi qu'il sera dit ci-après (*art.* 336).

Des Questions.

La question résultant de l'acte d'accusation sera posée en ces termes :

« L'accusé est-il coupable d'avoir commis » tel meurtre, tel vol ou tel crime, avec tou- » tes les circonstances comprises dans le ré- » sumé de l'acte d'accusation ? » (*art.* 337).

S'il résulte des débats une ou plusieurs circonstances aggravantes non mentionnées dans l'acte d'accusation, le président ajoutera la question suivante :

« L'accusé a-t-il commis le crime avec telle » ou telle circonstance ? » (*art.* 338).

Lorsque l'accusé aura proposé pour excuse

un fait admis comme tel par la loi, la question sera ainsi posée :

» Tel fait est-il constant ! » (*art.* 539).

Si l'accusé a moins de seize ans , le président posera cette question :

« L'accusé a-t-il agi avec discernement ? »
(*art.* 340).

Le président , après avoir posé les questions , les remettra aux jurés dans la personne
du chef du jury ; il leur remettra en même
temps l'acte d'accusation , les procès-verbaux
qui constatent le délit , et les pièces du procès , autres que les déclarations écrites des
témoins.

Il avertira les jurés que si l'accusé est déclaré coupable du fait principal à la simple
majorité , ils doivent en faire mention en tête
de leur déclaration.

Il fera retirer l'accusé de l'auditoire (*art.*
341).

Du Jugement du Jury.

Les questions étant posées et remises aux
jurés , ils se rendront dans leur chambre pour
y délibérer.

Avant de commencer la délibération , le
chef des jurés leur fera lecture de l'instruc-

tion suivante , qui sera, en outre, affichée en gros caractères dans le lieu le plus apparent de leur chambre :

« La loi ne demande pas compte aux jurés
» des moyens par lesquels ils se sont convain-
» cus ; elle ne leur prescrit point de règles
» desquelles ils doivent faire particulière-
» ment dépendre la plénitude et la suffisance
» d'une preuve : elle leur prescrit de s'inter-
» roger eux-mêmes dans le silence et le re-
» cueillement , et de chercher , dans la sincé-
» rité de leur conscience , quelle impression
» ont faite sur leur raison les preuves rappor-
» tées contre l'accusé et les moyens de sa dé-
» fense. La loi ne leur dit point : *Vous tien-*
» *drez pour vrai tout fait attesté par tel*
» *ou tel nombre de témoins ;* elle ne leur
» dit pas non plus : *Vous ne regarderez pas*
» *comme suffisamment établie toute preuve*
» *qui ne sera pas formée de tel procès-ver-*
» *bal, de telles pièces , de tant de témoins*
» *ou de tant d'indices ;* elle ne leur fait que
» cette seule question qui renferme toute la
» mesure de leurs devoirs : *Avez-vous une*
» *intime conviction ?*

» Ce qu'il est bien essentiel de ne pas per-
» dre de vue, c'est que toute la délibération du

» jury porte sur l'acte d'accusation ; c'est aux
» faits qui le constituent et qui en dépendent,
» qu'ils doivent uniquement s'attacher ; et ils
» manquent à leur premier devoir, lorsque,
» pensant aux dispositions des lois pénales,
» ils considèrent les suites que pourra avoir,
» par rapport à l'accusé, la déclaration qu'ils
» ont à faire. Leur mission n'a pas pour ob-
» jet la poursuite ni la punition des délits; ils
» ne sont appelés que pour décider si l'ac-
» cusé est, ou non, coupable du crime qu'on
» lui impute » (*art.* 342).

Les jurés ne pourront sortir de leur chambre qu'après avoir formé leur déclaration.

L'entrée n'en pourra être permise pendant leur délibération, pour quelque cause que ce soit, que par le président et par écrit.

Le président est tenu de donner au chef de la gendarmerie de service l'ordre spécial et par écrit de faire garder les issues de leur chambre : ce chef sera dénommé et qualifié dans l'ordre.

La cour pourra punir le juré contrevenant d'une amende de cinq cents francs au plus. Tout autre qui aura enfreint l'ordre, ou celui qui ne l'aura pas fait exécuter, pourra être puni d'un emprisonnement de vingt-quatre heures (*art.* 343).

Les jurés délibéreront sur le fait principal, et ensuite sur chacune des circonstances (*art.* 344).

Le chef du jury les interrogera d'après les questions posées, et chacun d'eux répondra ainsi qu'il suit :

1.° Si le juré pense que le fait n'est pas constant, ou que l'accusé n'en est pas convaincu, il dira :

Non, l'accusé n'est pas coupable.

En ce cas, le juré n'aura rien de plus à répondre.

2.° S'il pense que le fait est constant, et que l'accusé en est convaincu, il dira :

Oui, l'accusé est coupable d'avoir commis le crime, avec toutes les circonstances comprises dans la position des questions.

3.° S'il pense que le fait est constant, que l'accusé en est convaincu, mais que la preuve n'existe qu'à l'égard de quelques-unes des circonstances, il dira :

Oui, l'accusé est coupable d'avoir commis le crime avec telle circonstance, mais il n'est pas constant qu'il l'ait fait avec telle autre.

4.º S'il pense que le fait est constant, que l'accusé en est convaincu, mais qu'aucune des circonstances n'est prouvée, il dira :

Oui, l'accusé est coupable, mais·sans aucune des circonstances (art. 345).

Le juré fera de plus, s'il y a lieu, une réponse particulière pour les cas prévus par les articles 339 et 340 (*art.* 346).

La décision du jury se formera pour ou contre l'accusé, à la majorité, à peine de nullité.

En cas d'égalité de voix, l'avis favorable à l'accusé prévaudra (*art.* 347).

De la Déclaration du Jury.

Les jurés rentreront ensuite dans l'auditoire, et reprendront leur place.

Le président leur demandera quel est le résultat de leur délibération.

Le chef du jury se levera, et, la main placée sur son cœur, il dira : *Sur mon honneur et ma conscience, devant Dieu et devant les hommes, la déclaration du jury est : Oui, l'accusé, etc. Non, l'accusé, etc.* (art. 348).

La déclaration du jury sera signée par le

chef et remise par lui au président, le tout en présence des jurés.

Le président la signera, et la fera signer par le greffier (*art.* 349).

La déclaration du jury ne pourra jamais être soumise à aucun recours (*art.* 350).

Si néanmois l'accusé n'est déclaré coupable du fait principal qu'à une simple majorité, les juges délibéreront entre eux sur le même point ; et si l'avis de la minorité des jurés est adoptée par la majorité des juges, de telle sorte qu'en réunissant le nombre des voix ce nombre excède celui de la majorité des jurés et de la minorité des juges, l'avis favorable à l'accusé prévaudra (*art.* 351).

Si, hors le cas prévu par le précédent article, les juges sont unanimement convaincus que les jurés, tout en observant les formes, se sont trompés au fond, la cour déclarera qu'il est sursis au jugement, et renverra l'affaire à la session suivante, pour être soumise à un nouveau jury, dont ne pourra faire partie aucun des premiers jurés.

Nul n'aura le droit de provoquer cette mesure ; la cour ne pourra l'ordonner que d'office, et immédiatement après que la déclaration du jury aura été prononcée publiquement, et dans le cas où l'accusé aura été con-vaincu, jamais lorsqu'il n'aura pas été déclaré coupable.

La cour sera tenue de prononcer immédia-tement après la déclaration du second jury, même quand elle seroit conforme à la pre-mière (*art.* 352).

Le président fera comparoître l'accusé, et le greffier lira en sa présence la déclaration du jury (*art.* 357).

Lorsque l'accusé aura été déclaré non cou-pable, le président prononcera qu'il est ac-quitté de l'accusation, et ordonnera qu'il soit mis en liberté, s'il n'est retenu pour autre cause.

La cour statuera ensuite sur les domma-ges-intérêts respectivement prétendus, après que les parties auront proposé leurs fins de non-recevoir ou leurs défenses, et que le pro-cureur général aura été entendu.

La cour pourra néanmoins, si elle le juge convenable, commettre l'un des juges pour entendre les parties, prendre connoissance des pièces, et faire son rapport à l'audience, où les parties pourront encore présenter leurs observations, et où le ministère public sera entendu de nouveau.

L'accusé acquitté pourra obtenir des dommages-intérêts contre ses dénonciateurs, pour fait de calomnie ; sans néanmoins que les membres des autorités constituées puissent être ainsi poursuivis à raison des avis qu'ils sont tenus de donner, concernant les délits dont ils ont cru acquérir la connoissance dans l'exercice de leurs fonctions, et sauf contre eux la demande en prise à partie, s'il y a lieu.

Le procureur général sera tenu, sur la réquisition de l'accusé, de lui faire connoître ses dénonciateurs (*art.* 358).

Lorsque l'accusé aura été déclaré coupable, le procureur général fera sa réquisition à la cour pour l'application de la loi.

La partie civile fera la sienne pour restitution et dommages-intérêts (*art.* 362).

Le président demandera à l'accusé s'il n'a rien à dire pour sa défense.

L'accusé ni son conseil ne pourront plus plaider que le fait est faux, mais seulement qu'il n'est pas défendu ou qualifié délit par la loi, ou qu'il ne mérite pas la peine dont le procureur général a requis l'application, ou qu'il n'emporte pas de dommages-intérêts au profit de la partie civile, ou enfin que celle-ci élève trop haut les dommages-intérêts qui lui sont dus (*art.* 363).

La cour prononcera l'absolution de l'accusé , si le fait dont il est déclaré coupable n'est pas défendu par une loi pénale (*art.* 364).

Si ce fait est défendu , la cour prononcera la peine établie par la loi , même dans le cas où , d'après les débats , il se trouveroit n'être plus de la compétence de la cour d'assises.

En cas de conviction de plusieurs crimes ou délits , la peine la plus forte sera seule prononcée (*art.* 365).

Dans le cas d'absolution comme dans celui d'acquittement ou de condamnation , la cour statuera sur les dommages-intérêts prétendus par la partie civile ou par l'accusé ; elle les liquidera par le même arrêt , ou commettra l'un des juges pour entendre les parties , prendre connoissance des pièces , et faire du tout son rapport , ainsi qu'il est dit art. 358.

La cour ordonnera aussi que les effets pris seront restitués au propriétaire.

Néanmoins, s'il y a eu condamnation , cette restitution ne sera faite qu'en justifiant par le propriétaire que le condamné a laissé passer les délais sans se pourvoir en cassation , ou s'il s'est pourvu, que l'affaire est définitivement terminée (*art.* 366).

Lorsque l'accusé aura été déclaré excusable, la cour prononcera conformément au Code des Délits et des Peines (*art.* 367).

L'accusé, ou la partie civile, qui succombera, sera condamné aux frais envers l'Etat et envers l'autre partie (*art.* 368).

Les juges délibéreront et opineront à voix basse ; ils pourront, pour cet effet, se retirer dans la chambre du conseil : mais l'arrêt sera prononcé à haute voix par le président, en présence du public et de l'accusé.

Avant de le prononcer, le président est tenu de lire le texte de la loi sur laquelle il est fondé.

Le greffier écrira l'arrêt ; il y insérera le texte de la loi appliquée, sous peine de cent francs d'amende (*art.* 369).

La minute de l'arrêt sera signée par les juges qui l'auront rendu, à peine de cent fr. d'amende contre le greffier, et, s'il y a lieu, de prise à partie tant contre le greffier que contre les juges.

Elle sera signée dans les vingt-quatre heures de la prononciation de l'arrêt (*art.* 370).

Après avoir prononcé l'arrêt, le président

pourra, selon les circonstances, exhorter l'accusé à la fermeté, à la résignation, ou à réformer sa conduite.

Il l'avertira de la faculté qui lui est accordée de se pourvoir en cassation, et du terme dans lequel l'exercice de cette faculté est circonscrit (*art.* 371).

Lorsque, pendant les débats qui auront précédé l'arrêt de condamnation, l'accusé aura été inculpé, soit par des pièces, soit par des dépositions de témoins, sur d'autres crimes que ceux dont il étoit accusé ; si ces crimes nouvellement manifestés méritent une peine plus grave que les premiers, ou si l'accusé a des complices en état d'arrestation, la cour ordonnera qu'il soit poursuivi, à raison de ces nouveaux faits, suivant les formes prescrites par le présent Code.

Dans ces deux cas, le procureur général surseoira à l'exécution de l'arrêt qui a prononcé la première condamnation, jusqu'à ce qu'il ait été statué sur le second procès (*art.* 379).

TITRE III.

TITRE III.

DES DÉLITS,

Et des Circonstances qui les caractérisent.

A

ABUS *de confiance.* Quiconque aura abusé des besoins, des foiblesses ou des passions d'un mineur, pour lui faire souscrire à son préjudice des obligations, quittances ou décharges, pour prêt d'argent ou de choses mobilières, ou d'effets de commerce, ou de tous autres effets obligatoires, sous quelque forme que cette négociation ait été faite ou déguisée, sera puni d'un emprisonnement de deux mois à deux ans, et d'une amende qui ne pourra excéder le quart des restitutions et des dommages-intérêts qui seront dus aux parties lésées, ni être moindre de 25 fr.

Le coupable pourra être, en outre, interdit pendant cinq ans jusqu'à dix de l'exercice des droits mentionnés en l'article 42. *Voyez-* le au mot Calomnies, *peine commune* (art. 406).

Quiconque , abusant d'un *blanc-seing* qui lui auroit été confié , aura frauduleusement écrit au dessus une obligation ou décharge , ou tout autre acte pouvant compromettre la personne ou la fortune du signataire , sera puni d'un emprisonnement d'un à cinq ans , et d'une amende de 5o fr. à 3ooo fr. (*art.* 4o7).

Quiconque aura détourné au préjudice du propriétaire, possesseur ou détenteur , des effets , deniers , marchandises, billets , quittances ou tous autres écrits contenant ou opérant liquidation ou décharge, qui ne lui auroient été remis qu'à titre de dépôt ou pour un travail salarié, à la charge de les rendre ou représenter, ou d'en faire un usage ou un emploi déterminé , sera puni des peines portées dans l'article 4o6 (*art.* 4o8). *Voyez* Soustractions , au Titre des Crimes.

Quiconque , après avoir produit dans une contestation judiciaire quelque titre, pièce ou mémoire , l'aura soustrait de quelque manière que ce soit , sera puni d'une amende de 25 à 3oo fr.

Cette peine sera prononcée par le tribunal saisi de la contestation (*art.* 4o9).

ADJUDICATAIRES de bois. *Voyez* Délits forestiers.

ADULTÈRE. *Voy*. Outrages à la pudeur.

AFFICHES ; timbre. *Voyez* Journaux.

AFFICHES imprimées. *Voyez* Ecrits.

AFFICHEURS. *Voyez* Ecrits.

AFFINEURS. *Voyez* Ouvrages d'or et d'argent.

AGENS de change et courtiers. *Voyez* Commerce.

AGENS de l'autorité publique. *Voyez* Outrages.

AGENT du Gouvernement intéressé dans les affaires. *Voyez* Intérêts.

ANES *empoisonnés* ou tués. *Voyez* Destructions.

APOTHICAIRES indiscrets. *Voyez* Calomnies.

ARBRES abattus. *Voyez* Destructions.

ARGENT ; faux titre. *Voyez* Commerce.

ARMES *à feu*. Aucune arme, ou pièce d'arme de qualibre de guerre, ne pourra, quelle que soit sa nature et sa destination, être fabriquée hors les manufactures impériales d'armes, ou sans l'autorisation préalable du ministre de la guerre ;

A peine de confiscation des armes, d'arrestation du contrevenant, et de son envoi, s'il y a lieu, devant les tribunaux, pour être puni suivant les lois de police correctionnelle (*Décret Impérial du 8 vendemiaire an 13*).

Tout canon d'arme de commerce, vendu ou livré sous un calibre différent de celui désigné par le poinçon dont il porteroit l'empreinte, sera saisi ; et celui qui l'aura vendu ou livré sera condamné à une amende qui ne poura être au dessous de 50 fr. ni excéder 100 fr. (*Décret Impérial du 14 décembre 1810. B. 335*).

ARMES *militaires*. Les acheteurs, entre-metteurs et complices de vente d'armes et d'équipemens militaires, seront punis d'une amende qui ne pourra excéder 300 fr. outre la peine de l'emprisonnement de simple police (*Loi du 28 mars 1793*).

ARMES *prohibées*. Tout individu qui aura fabriqué ou débité des *stilets*, *tromblons* ou quelque espèce que ce soit d'armes prohibées par la loi ou par des réglemens d'administration publique, sera puni d'un emprisonnement de 6 jours à 6 mois.

Celui qui sera porteur desdites armes sera puni d'une amende de 16 à 200 fr.

Dans l'un et l'autre cas les armes seront confisquées, le tout sans préjudice de plus forte peine , s'il y échet, en cas de complicité de crime (*art.* 314).

Outre les peines correctionnelles ci-dessus, les coupables pourront être mis sous la surveillance de la haute police depuis 2 ans jusqu'à 10 (*art.* 315).

Les armes prohibées par la déclaration du 23 mars 1728 et par le décret du 2 nivose an 14, sont : les *bayonnettes* , les *couteaux* en forme de poignard , les *bâtons* renfermant une épée , ou portant un ferrement autre que celui qui est mis ordinairement au bout ; les *épées* en bâtons, les *fusils* à vent , les *pistolets* à vent ou de poche , les *poignards* et toutes autres armes cachées et secrètes.

ARTIFICE. *Voyez* Incendies.

ARTS et *Métiers ;* communauté. *Voyez* Ouvriers.

ASSOCIATIONS illicites. *Voy*. Réunions.

ATTENTATS *et complots contre la sûreté intérieure ou extérieure de l'Etat,* par machinations ou intelligences avec les puissances étrangères, par des instructions nuisibles données aux ennemis, par recélement d'espions ou de soldats ennemis envoyés à la découverte, par des actions hostiles non approuvées par le Gouvernement , par des provocations aux armes contre le Gouvernement , à la guerre civile , à la dévastation , au massacre ou au pillage ; par l'enrôlement de soldats, par le commandement d'une armée , d'une troupe, d'une flotte, d'une escadre , d'un bâtiment de guerre , d'une place forte, d'un poste, d'un port, d'une ville , malgré le licenciement ou la séparation des corps , ou contre le vœu du Gouvernement et sans titre ; par l'emploi de la force publique contre la levée des gens de guerre, par incendie ou destruction de vaisseaux ou édifices nationaux , par la réunion de bandes armées pour envahir , piller ou détruire les propriétés publiques ou privées , ou pour résister à la force publique ; par des discours, placards affichés ou écrits imprimés pour provoquer les citoyens à commettre ces différens crimes ;

Ceux qui étant instruits de ces complots formés ou crimes projetés, le crime de *lèse-majesté* excepté , ne les ont pas révélés aux autorités publiques dans les vingt-quatre heures qui ont suivi la connoissance qu'ils en ont eue , doivent être punis chacun d'un emprisonnement de 2 à 5 ans et d'une amende de

5oo à 2000 francs (*art.* 76 *à·et compris* 105).

ATTROUPEMENT. *Voyez* Rebellion.

AUBERGISTES. *Voyez* Faux.

AUTEURS. *Voyez* Contrefaçon d'ouvrages ou Représentation de pièces de théâtre.

AVIS *imprimés* (les), quel qu'en soit l'objet, qui se crient et se distribuent dans les rues et les lieux publics, ou que l'on fait circuler de toute autre manière, sont assujettis au droit de timbre, à l'exception des adresses contenant la simple indication, ou le simple avis de changement de domicile, à peine de 25 fr. d'amende, de 5o fr. en cas de récidive, et de 100 fr. pour chacune des autres récidives, indépendamment de la restitution des droits fraudés (*Loi du 6 prairial an* 7. *B.* 282).

AVIS imprimés. *Voyez* Ecrits.

AVOCATS. *Voyez* Calomnies.

B

BALANCIERS. *Voy.* Marques sur métaux.

BANQUEROUTIERS. Les banqueroutiers simples seront punis d'un emprisonnement d'un mois à deux ans (*art.* 402 *du Code de Commerce*).

BATELIERS. *Voyez* Falsification de liquides ou marchandises.

BATIMENS dans ou près des bois. *Voyez* Délits forestiers.

BATONS renfermant une épée ; bâton à ferrement, autre que ceux qui sont ferrés par le bout. *Voyez* Armes prohibées.

BAYONNETTES. *Voy.* Armes prohibées.

BIJOUTIERS. *Voyez* Ouvrages d'or et d'argent.

BLANC-SEING. *Voy.* Abus de confiance.

BLESSURES. Tout individu qui aura fait des blessures ou porté des coups, s'il n'en est résulté aucune maladie ni incapacité de travail personnel pendant plus de 20 jours, sera puni d'un emprisonnement d'un mois à deux ans, et d'une amende de 16 à 200 fr.

S'il y a eu préméditation ou guet-apens, l'emprisonnement sera de 2 à 5 ans, et l'amende de 50 à 500 fr. (*art.* 311).

Quiconque, par maladresse, imprudence, inattention, négligence ou inobservation des réglemens, aura fait des blessures ou donné des coups, sera puni d'un emprisonnement de 6 jours à 2 mois, et d'une amende de 16 à 100 fr. (*art.* 320).

Les blessures et les coups sont excusables, s'ils ont été provoqués par des coups ou violences graves envers les personnes (*art.* 321).

Ils sont également excusables, s'ils ont eu lieu en repoussant pendant le jour l'escalade ou l'effraction des clôtures, murs ou entrée d'une maison ou d'un appartement habité ou de leurs dépendances (*art.* 322).

Dans les cas d'excuse, la peine sera réduite à un emprisonnement de 6 jours à 6 mois (*art.* 526).

Il n'y a point de délit, lorsque les blessures ont été faites, ou les coups donnés en repoussant pendant la nuit l'escalade ou l'effraction des clôtures, murs ou entrée d'une habitation ou de ses dépendances ;

Ou en se défendant contre les auteurs de vols ou de pillages exécutés avec violence (*art.* 329).

BOEUFS *empoisonnés* ou tués. *Voyez* Destructions.

BOIS. *Voyez* Délits forestiers.

BOISSONS. Il est dû un droit d'enlèvement ou de mouvement de vins, de cidres ou de poirés, d'eaux-de-vie, esprit de vin et de liqueurs, à peine de confiscation et de 100 fr. d'amende (*Lois des* 26 *novembre* 1808, *art.* 23. *B.* 215, *et* 24 *avril* 1806, *art.* 37. *B.* 88).

N'est pas compris dans ce cas le transport

du vin du pressoir dans les caves, ni le changement de caves du propriétaire ou marchand
situées dans la même commune, sauf le congé
de 15 centimes (*art.* 16).

Bières. Il est défendu à tout brasseur de
changer, modifier ou altérer la contenance de
ses chaudières, cuves et bacs, sans en avoir
fait la déclaration par écrit au plus prochain
bureau, à peine de 300 fr. d'amende (*art.* 29
et 36);

La bière étant soumise à sa fabrication à
un droit fixe (*art.* 24).

Les brasseries doivent être ouvertes aux
employés, même avant le lever et après le
coucher du soleil ; mais dans ce dernier cas,
en présence d'un officier de police (*art.* 30).

Les brasseurs doivent tenir un registre de
vente, et y inscrire jour par jour les quanti-
tés de bière vendues, et les noms et domi-
ciles des acheteurs (*art.* 31).

En cas de fraude des droits à la fabrication
de la bière, les objets de fraude seront saisis
et confisqués, et le contrevenant condamné à
une amende du quadruple des droits fraudés
(*art. 36 et loi du 5 ventose an 12. B.345*).

Distilleries pour la fabrication des eaux-de-vie de grains, pommes de terre et autres substances farineuses.

Les fabricans sont soumis à la déclaration ordonnée par l'art. 29, et en outre qu'ils n'entendent distiller que pendant *tant* de jours, et si l'opération aura lieu la nuit, à peine de confiscation et de 3oo fr. d'amende (*Loi du* 20 *avril* 1810, *art.* 11 et 14. *B.* 283).

Ils sont tenus de déclarer, douze heures à l'avance dans les villes, et vingt-quatre heures dans les campagnes, le moment où ils veulent allumer le feu sous leurs chaudières, pour faire lever le scellé mis sur ces chaudières après chaque distillation (*Loi du* 25 *novembre* 1808, *art.* 41).

Cabaretiers. Les vendans en détail doivent déclarer le jour où ils commenceront leur vente, et indiquer au dessus de la porte de leur domicile, par une enseigne ou bouchon, leur qualité de débitant (*Décret Impérial du* 5 *mai* 1806, *art.* 14. *B.* 88).

Ils ne peuvent établir de débit de vins et eaux-de-vie sur des vaisseaux d'une contenance supérieure à cinq hectolitres (*Décret Impérial du* 21 *décembre* 1808. *B.* 219, *art.* 17).

Ils ne peuvent jamais mettre en vente ni

avoir en perce plus de trois pièces à la fois (*art.* 18).

Les débitans sont tenus de représenter aux employés les quittances des droits de mouvemens et d'entrée de boissons qu'ils ont reçues (*art.* 19).

Ils doivent avoir un registre et y inscrire les doubles des actes des employés (*Décret Impérial du 5 mai* 1806, *art.* 16).

Ils sont tenus de déclarer le prix de leurs ventes, chaque fois qu'ils en sont requis (*art.* 20).

Ils ne peuvent vendre en gros qu'en futailles d'un hectolitre au moins, et les futailles doivent être démarquées avant leur enlèvement, à peine du droit de détail et de l'amende de 100 fr. (*art.* 19).

Dans aucun cas, les pièces vides ne peuvent être enlevées des caves qu'elles n'aient été préalablement démarquées par les employés (*deuxième Décret, art.* 20).

Les locaux ayant leurs portes ou escaliers communs avec ceux des débitans sont soumis à la visite des employés (*art.* 23).

Les débitans sont soumis à la visite de ces employés (*art.* 24).

Le tout à peine de confiscation et d'une

amende de 100 fr. (*art. 37 de la loi du 24 avril 1806*).

Les concierges, portiers et autres domestiques, ne peuvent vendre, pour leur compte, des boissons en détail, à peine de saisie et de confiscation, et de l'amende de 100 fr. (*art. 9 du Décret Impérial du 5 mai 1806*).

Les cantiniers, hors des camps, forts et citadelles, où ils ne peuvent recevoir que des militaires, sont soumis aux règles établies pour les cabaretiers (*art. 15*).

BOISSONS *falsifiées.* Quiconque a vendu ou débité des boissons falsifiées, contenant des mixtions nuisibles à la santé, sera puni d'un emprisonnement de 6 jours à deux ans, et d'une amende de 16 à 200 fr. ; les boissons falsifiées seront saisies (*art. 318*). *Voyez* Vinaigres.

BOISSONS ; coalitions y relatives. *Voyez* Commerce.

BORNES déplacées ou supprimées. *Voyez* Destructions.

BULLETINS imprimés. *Voyez* Ecrits.

C

CABANES de gardiens de bestiaux. *Voy.* Destructions.

CABARETIERS. *Voy*. Boissons falsifiées.

CADAVRES cachés. *Voyez* Décès.

CALOMNIE. Sera coupable du délit de calomnie celui qui, soit dans des lieux ou réunions publics, soit dans un acte authentique et public, soit dans un écrit imprimé ou non, qui aura été affiché, vendu ou distribué, aura imputé à un individu quelconque des faits qui, s'ils existoient, exposeroient celui contre lequel ils sont articulés à des poursuites criminelles ou correctionnelles, ou même l'exposeroient seulement au mépris ou à la haine des citoyens (*art.* 367).

L'auteur d'une imputation doit en fournir la preuve légale.

Ne sera considérée comme preuve légale, que celle qui résultera d'un jugement, ou de tout autre acte authentique (*art.* 368, 369 *et* 370).

Lorsque la preuve légale ne sera pas rapportée, le calomniateur sera puni des peines suivantes :

Si le fait imputé est de nature à mériter la peine de mort, les travaux forcés à perpétuité ou la déportation, le coupable sera puni d'un emprisonnement de deux à cinq ans, et d'une amende de 200 fr. à 5,000 fr.

Dans tous les autres cas , l'amende sera de 5o fr. à 2,000 fr. et l'emprisonnement d'un mois à six mois (*art.* 371).

Lorsque les faits imputés auront été dénoncés par l'auteur de l'imputation , il sera , durant l'instruction sur ces faits , sursis à la poursuite et au jugement du délit de calomnie (*art.* 372).

Quiconque aura fait par écrit une dénonciation calomnieuse, contre un ou plusieurs individus , aux officiers de justice ou de police administrative ou judiciaire , sera puni d'un emprisonnement d'un mois à un an , et d'une amende de 100 fr. à 3000 fr. (*art.* 373).

Peine commune. Dans tous les cas, le calomniateur sera , à compter du jour où il aura subi sa peine, interdit pendant cinq ans au moins et dix ans au plus des droits de vote et d'élection , d'éligibilité , d'être appelé aux fonctions de juré ou autres fonctions publiques , ou emplois de l'administration, ou d'exercer ces fonctions ou emplois ; de port d'armes ; de vote et de suffrage dans les délibérations de famille ; de tuteur , curateur , si ce n'est de ses enfans et sur l'avis seulement de sa famille ; d'être expert ou employé comme témoin dans les actes ; de témoignage en justice, autrement que pour y faire de simples déclarations (*art.* 374 *et* 42).

Quant aux *injures* ou aux expressions outrageantes qui ne renfermeroient l'imputation d'aucun fait précis, mais celle d'un vice déterminé, si elles ont été proférées dans des lieux ou réunions publics, ou insérées dans des écrits, imprimés ou non, qui auroient été répandus et distribués, la peine sera une amende de 16 fr. à 500 fr. (*art.* 275).

Toutes autres injures, qui n'auront pas eu ce double caractère de gravité ou de duplicité, ne donneront lieu qu'à des peines de simple police (*art.* 376).

A l'égard des imputations et des injures qui seroient contenues dans les écrits relatifs à la défense des parties, ou dans les plaidoyers, les juges saisis de la contestation pourront, en jugeant la cause, ou prononcer la suppression des injures ou des écrits injurieux, ou faire des injonctions aux auteurs du délit, ou les suspendre de leurs fonctions et statuer sur les dommages-intérêts.

La durée de cette suspension ne pourra excéder six mois : en cas de récidive, elle sera d'un an au moins et de cinq ans au plus.

Si

Si les injures ou écrits injurieux portent le caractère de calomnie grave, et que les juges saisis de la contestation ne puissent connoître du délit, ils ne pourront prononcer contre les prévenus qu'une suspension provisoire de leurs fonctions, et les renverront, pour le jugement du délit, devant les juges compétens (*art.* 377).

Les *médecins, chirurgiens* et autres officiers de santé, ainsi que les *pharmaciens,* les *sages-femmes,* et toutes autres personnes dépositaires, par état ou profession, des secrets qu'on leur confie, qui, hors le cas où la loi les oblige à se porter dénonciateurs, auront révélé ces secrets, seront punis d'un emprisonnement d'un mois à six mois, et d'une amende de 100 fr. à 500 fr. (*art.* 378).

CARRÉS. *Voyez* Marques sur métaux.

CARTES *à jouer.* Les cartes à jouer sont assujetties au timbre fixe (*Loi du* 9 *vendémiaire an* 6, *art.* 56. *B.* 148).

Nul fabricant de cartes ne peut s'établir hors des chefs-lieux de direction de la régie des droits réunis (*Décret Imp. du* 1.er *germinal an* 13. *B.* 38).

La régie fournit le moule des cartes à jouer

et le papier qui renferme le timbre de la régie (*Arrêtés des 3 pluviose et* 19 *floréal an* 6. *B.* 179 *et* 199).

Les anciens sont interdits (*Décret Imp. du* 16 *juin* 1808. *B.* 195).

Les fabricans sont tenus de déposer au greffe du tribunal, et dans les bureaux de la régie, une empreinte de l'enveloppe qu'ils mettent sur chaque jeu.

La régie ceint chaque jeu d'une bande sur laquelle elle met son timbre (*Arrêtés ci-dessus*).

Ils ne peuvent la changer, sans en faire la déclaration et le dépôt de la nouvelle.

Sont réputées fausses enveloppes, celles qui seroient trouvées chez des fabricans auxquels elles n'appartiendroient pas.

Les dessus de cartes ne peuvent être qu'en papier blanc.

Nul ne peut vendre des cartes à jouer, en tenir en entrepôt, s'il n'est pas fabricant patenté, ou s'il n'est pas commissionné par la régie.

Il est défendu à toutes personnes de conserver ou recéler des moules faux ou contrefaits.

Le tout à peine de confiscation et de 1,000 fr.

d'amende, sans préjudice de la punition pour crime de faux encourue par la contrefaçon des filigranes, timbres et moules, et l'émission des objets frappés de faux (*Décret Imp. des 4 prairial an 13. B. 47, et 9 février 1810. B. 267*).

Les cartes usitées en France ne peuvent circuler qu'autant qu'elles sont accompagnées d'un congé de la régie, sous les peines ci-dessus.

La recoupe des cartes est interdite aux fabricans et débitans, sous les mêmes peines, ainsi que la vente, entrepôt et colportage sous bande ou sans bande, des cartes recoupées ou réassorties (*même décret du 4 prairial an 13*).

Chaque fabricant doit tenir trois registres cotés et paraphés par la régie ; l'un, pour y inscrire, jour par jour, les achats des feuilles timbrées qu'il a levées au bureau ; le second pour y porter les fabrications à mesure qu'elles sont achevées, et le troisième pour toutes les ventes qu'il fait.

Le marchand non fabricant n'est tenu à avoir que deux registres, l'un pour y inscrire ses achats, et l'autre ses ventes.

Les entrepreneurs de lieux publics où l'on

donne à jouer doivent également tenir deux registres pour les mêmes inscriptions.

Tous sont soumis aux visites des employés de la régie.

Le tout sous les peines de confiscation et d'amende de 1,000 fr., et même de celles pour le crime de faux, s'il y a lieu (*Arrêtés précités des 3 pluviose et 16 floréal an 6*).

CERTIFICATS. *Voyez* Faux.

CHANSONS imprimées. *Voyez* Ecrits.

CHASSE (*loi du 30 avril* 1790). Il est défendu à toute personne de chasser en quelque temps et de quelque manière que ce soit sur le terrain d'autrui, sans son consentement, à peine de 20 fr. d'amende envers la commune du lieu, et d'une indemnité de 10 fr. envers le propriétaire des fruits, sans préjudice de plus grands dommages et intérêts, s'il y a lieu.

Défenses sont faites, sous la même peine de 20 fr. d'amende, aux propriétaires ou possesseurs, de chasser dans leurs terres *non closes*, depuis le 1er avril jusqu'au 1er septembre, pour les terres dépouillées, et pour les autres, jusqu'après la dépouille entière des fruits, sauf (aux préfets) à fixer pour l'avenir le temps dans lequel la chasse sera libre aux propriétaires sur leurs terres *non closes* (*art.* 1er).

Quand le terrain est clos de murs ou de haies, l'étranger qui y chasse doit être condamné à une amende de 30 francs et à une indemnité de 15 francs.

Si le terrain clos tient immédiatement à une habitation, l'amende est de 40 fr. et l'indemnité de 20 ; le tout nonobstant les poursuites relatives au viol des clôtures et à la sûreté des citoyens (*art.* 2).

Chacune de ces peines doit être doublée, triplée, quadruplée, etc. pour chaque récidive dans l'année (*art.* 3).

Ces amendes et indemnités doivent être payées dans la huitaine après la signification du jugement, à peine de contrainte par corps, pendant vingt-quatre heures pour la première fois, huit jours pour la seconde, et pour toutes les autres, pendant trois mois (*art.* 4). *La contrainte est maintenue par l'article* 2070 *du Code Napoléon*).

Les armes sont confisquées, sans néanmoins que les gardes puissent désarmer les chasseurs (*art.* 5).

Les pères et mères répondent des délits de leurs enfans mineurs de vingt ans, non mariés et domiciliés avec eux , sans pouvoir néanmoins être contraints par corps (*art.* 6).

Si les délinquans sont déguisés et masqués, ou s'ils n'ont aucun domicile connu , ils peuvent être arrêtés sur-le-champ par tout gendarme national, sans aucune réquisition d'officier civil (*art.* 7 *et art.* 39 *de la loi rurale du 6 octobre* 1791).

Les délits sont constatés par rapports ou procès-verbaux des gardes champêtres , ou de tout autre officier de police de la commune, affirmés dans les vingt-quatre heures. On peut établir la preuve contraire , sans cependant inscription de faux.

Il peut être suppléé auxdits rapports ou procès - verbaux , par la déposition de deux témoins (*art.* 8 , 9, 10 *et* 11).

Toute action est prescrite par le laps d'un mois , à compter du jour où le délit de chasse a été commis (*art.* 12).

Il est libre aux propriétaires ou possesseurs de chasser ou faire chasser en tout temps dans leurs *lacs* et *étangs* et leurs *terres closes;*

De chasser ou faire chasser , sans chiens courans , dans leurs *bois* et *forêts;*

Enfin de détruire le gibier dans leurs récoltes non closes , avec des filets ou autres engins

qui ne puissent nuire aux fruits de la terre,
comme aussi de repousser avec des armes à
feu les bêtes fauves qui se répandroient dans
leurs récoltes (*art.* 13, 14 *et* 15).

CHAT tué. *Voyez* Destructions.

CHEMINÉES. *Voyez* Incendies.

CHEVAUX empoisonnés ou tués. *Voyez*
Destructions.

CHEVAUX anglais. *Voyez* Commerce.

CHÈVRES empoisonnées ou tuées. *Voyez*
Destructions.

CHIEN tué. *Voyez* Destructions.

CHIRURGIENS ; faux certificats. *Voyez*
Faux.

CHIRURGIENS exerçant illégalement.
Voyez Médecins.

CHIRURGIENS indiscrets. *Voyez* Calomnies.

CLEFS fausses. Quiconque aura contrefait
ou altéré des clefs, sera condamné à un emprisonnement de trois mois à deux ans, et à
une amende de 25 à 150 francs, le tout sans
préjudice de plus fortes peines, s'il y échet,
en cas de complicité de crime (*art.* 399).
Voyez encore le Titre des Crimes relativement aux serruriers de profession, N.° 40.

C L O T U R E S détruites. *Voyez* Destructions.

CLUBS. *Voyez* Réunions.

COALITION *des fonctionnaires*. Tout concert de mesures contraires aux lois, pratiqué, soit par la réunion d'individus ou de corps dépositaires de quelque partie de l'autorité publique, soit par députation ou correspondance entre eux, sera puni d'un emprisonnement de deux à six mois contre chaque coupable, qui pourra de plus être condamné à l'interdiction des droits civiques, et de tout emploi public pendant dix ans au plus (*art*. 123).

COALITIONS entre les propriétaires de marchandises. *Voyez* Commerce.

COALITIONS entre les manufacturiers, contre les ouvriers ;

Entre les ouvriers, contre les manufacturiers. *Voyez* Commerce.

COCHONS empoisonnés ou tués. *Voyez* Destructions.

COLPORTEURS ou *crieurs publics*. Il leur est défendu de crier les *lois*, les *jugemens* et autres actes publics, les *journaux* et *papiers nouvelles*, autrement que par leurs

(137)

titres, à peine de deux mois de détention, et de six en cas de récidive (*Loi du 5 nivose an 5.* B. 98).

COMMANDANS de divisions et autres. *Voyez* Intérêts dans le commerce des grains, etc.

COMMANDANT de la force publique (tout), tout officier ou sous-officier de la force publique, qui, après avoir été légalement requis par l'autorité civile, aura refusé de faire agir la force à ses ordres, sera puni d'un emprisonnement d'un mois à trois mois, sans préjudice des réparations civiles qui pourroient être dues par suite de cette désobéissance (*art.* 234 et 11).

COMMERCE. Toute violation des réglemens d'administration publique, relatifs aux produits des *manufactures* françaises qui s'exporteront à l'étranger, et qui ont pour objet de garantir la bonne qualité, les dimensions et la nature de la fabrication, sera punie d'une amende de 200 francs à 3,000 fr. et de la confiscation des marchandises, cumulativement ou séparément, selon les circonstances (*art.* 413).

Toute coalition entre les *manufacturiers,* tendant à forcer injustement et abusivement l'abaissement des salaires des *ouvriers*, suivie d'une tentative ou d'un commencement d'exécution, sera punie d'un emprisonnement de, six jours à un mois, et d'une amende de 200 francs à 3,000 francs (*art.* 414).

Toute coalition de la part des *ouvriers* pour faire cesser en même temps de travailler, interdire le travail dans un atelier, empêcher de s'y rendre et d'y rester avant ou après certaines heures, et en général pour suspendre, empêcher, enchérir les travaux, s'il y a eu tentative ou commencement d'exécution, sera punie d'un emprisonnement d'un mois à trois mois.

Les chefs ou moteurs le seront d'un emprisonnement de deux à cinq ans (*art.* 415).

Seront punis de la même peine et d'après les mêmes distinctions, les ouvriers qui auront prononcé des *amendes*, des *défenses*, des *interdictions* ou toutes proscriptions sous le nom de *damnations* et sous quelque qualification que ce puisse être, soit contre les directeurs d'ateliers et entrepreneurs d'ouvrages, soit les uns contre les autres.

Dans le cas de cet article et dans celui du précédent, les chefs ou moteurs du délit pourront être mis en outre sous la surveillance de la haute police pendant deux ans jusqu'à cinq (*art.* 416).

Quiconque, dans l'envie de nuire à l'industrie française, aura fait passer en pays étranger des directeurs, commis ou des ouvriers d'un établissement, sera puni d'un emprisonnement de six mois à deux ans et d'une amende de 50 à 500 francs (*art.* 417).

Tout directeur, commis, ouvrier de fabrique, qui aura communiqué à des Français résidant en France, des secrets de la fabrique où il est employé, sera puni d'un emprisonnement de trois mois à deux ans, et d'une amende de 16 francs à 200 francs (*art.* 418). *Voyez* le Titre des Crimes pour ce qui concerne la communication à des étrangers, N.° 119.

Tous ceux qui, par des faits faux ou calomnieux semés à dessein dans le public, par des sur-offres faites aux prix que demandoient les vendeurs eux-mêmes, par des réunions ou coalitions entre les principaux détenteurs d'une même marchandise ou denrée, tendant à ne la pas vendre, ou à ne la vendre qu'à un certain prix, ou qui, par des voies et moyens frauduleux quelconques, auront opéré la hausse ou la baisse du prix des *denrées* ou

marchandises, ou des papiers et *effets publics*
au dessus ou au dessous des prix qu'auroit déterminés la concurrence naturelle et libre du commerce, seront punis d'un emprisonnement d'un
mois à un an, et d'une amende de 500 fr. à
10,000 fr. Les coupables pourront de plus être
mis sous la surveillance de la haute police
pendant deux ans jusqu'à cinq (*art.* 419).

La peine sera d'un emprisonnement de
deux mois au moins et de deux ans au plus, et
d'une amende de 1,000 fr. à 20,000 fr. si ces
manœuvres ont été pratiquées sur *grains,*
grenailles, *farines,* substances farineuses,
pain, vin ou toute autre boisson.

La mise en surveillance pourra être de cinq
à dix ans (*art.* 420).

Les *paris* qui auront été faits sur la hausse
ou la baisse des effets publics, seront punis
des peines portées par l'art. 419 (*art.* 421).

Sera réputé pari de ce genre, toute convention de vendre ou de livrer des effets publics qui ne seront pas prouvés par le vendeur
avoir existé à sa disposition au temps de la
convention, ou avoir dû s'y trouver au temps
de la livraison (*art.* 422).

Quiconque aura trompé l'acheteur sur le
titre des matières *d'or* ou *d'argent,* sur la

qualité d'une *pierre fausse* vendue pour fine, sur la nature de toutes marchandises ; quiconque, par usage de *faux poids* ou de *fausses mesures*, aura trompé sur la quantité des choses vendues, sera puni d'un emprisonnement de trois mois à un an, et d'une amende de 5o fr. au moins, jusqu'au quart des restitutions et dommages et intérêts.

Les objets du délit ou leur valeur, s'ils appartiennent au vendeur, seront confisqués ; ainsi que les faux poids et les fausses mesures pour être brisés (*art.* 423).

Si le vendeur et l'acheteur se sont servis dans leurs marchés d'autres poids et d'autres mesures que ceux qui ont été établis par les lois de l'Etat, l'acheteur sera privé de toute action contre le vendeur qui l'aura trompé par l'usage de poids ou de mesures prohibés ; sans préjudice de l'action publique pour la punition tant de cette fraude, que de l'emploi même des poids et des mesures prohibés.

La peine, en cas de fraude, sera celle portée par l'article précédent.

Celle pour l'emploi des poids et mesures prohibés est de simple police (*art.* 424).

Un *arrêté du* 3 *prairial an* 11. B. 283, porte, *art.* 7, défenses aux bateliers ou navigateurs sur l'Escaut , d'exiger un prix supérieur à celui du tarif qui le renferme , et de former aucune coalition entre eux tendant à le faire augmenter , à peine d'emprisonnement pendant trois mois , et de plus forte punition en cas de violence , voies de fait et attroupemens.

COMMERCE. Un *agent de change* ou *courtier* ne peut, dans aucun cas et sous aucun prétexte , faire des opérations de commerce ou de banque pour son compte, ni s'intéresser directement ni indirectement sous son nom, ou sous un nom interposé, dans aucune entreprise commerciale , ni recevoir ni payer pour le compte de ses commettans , ni se rendre garant de l'exécution des marchés dans lesquels il s'entremet , à peine de destitution et d'une amende prononcée correctionnellement , qui ne peut être au dessus de 3,000 fr. sans préjudice de l'action des parties en dommages et intérêts (*Code de Commerce , art.* 85 , 86 *et* 87).

Il est défendu à tous individus, autres que les agens de change et les courtiers nommés par le Gouvernement, d'exercer lesdites fonctions d'agent ou de courtier, à peine d'une amende du douzième au sixième du cautionnement desdits agens de change ou courtiers.

L'amende sera prononcée correctionnelle-ment, payable par corps , et applicable aux enfans abandonnés (*Loi du 28 ventose an 9. B. 76 , art. 8*).

Toute contravention à la défense d'impor-ter en France des marchandises provenant soit des manufactures *anglaises,* soit du commerce *anglais,* sera punie de la confiscation des marchandises, bâtimens de mer , chevaux , charrettes ou autres objets servant à leur transport , d'une amende , contre tout contrevenant , triple de la valeur des objets saisis , et d'un emprisonnement de cinq jours à trois mois.

Sont compris parmi les contrevenans , tous courtiers , commissionnaires et assureurs qui ont coopéré à l'importation ou au débit.

La confiscation est prononcée au profit des saisissans et de tous ceux qui ont favorisé l'arrestation.

Un sixième est accordé , en forme d'indemnité , aux fonctionnaires municipaux , dans tous les cas où leur présence est ordonnée par la loi (*Loi du 10 brumaire an 5 , art. 15 et 16*).

Les communes qui , étant instruites dans

la personne de leurs maires ou adjoints, qu'il doit se commettre sur leurs territoires des contraventions à la loi ci-dessus ou à d'autres lois prohibitives, ne donnent pas aux préposés aux douanes la protection dont ils ont besoin, sont responsables des dommages et intérêts dus à ces préposés ou à leurs veuves et enfans, à raison des pertes qu'ils ont faites, ou des blessures ou de la mort qu'ils ont reçues en voulant réprimer la contrebande (*Loi du* 10 *vendémiaire an* 4 , *et arrêté du quatrième jour complémentaire, an* 11. B. 315).

Ces dommages et intérêts sont prononcés civilement. *Voyez* Douanes.

COMMIS. *Voyez* Concussions.

COMMISSAIRES de l'autorité publique. *Voyez* Outrages.

COMMUNAUTÉS d'arts et métiers. *Voy.* Ouvriers.

COMPTABLES. *Voyez* Soustractions.

CONCUSSIONS. Les commis ou préposés des fonctionnaires ou officiers publics, des percepteurs des droits, taxes, contributions, deniers, revenus publics ou communaux, qui se sont rendus coupables de concussion

en

en recevant ce qu'ils savoient n'être pas dû ou excéder ce qui étoit dû pour ces contributions ou revenus , ou pour salaires ou traitemens , seront punis d'un emprisonnement de deux à cinq ans, et d'une amende du douzième au quart des restitutions et des dommages et intérêts (*art.* 173). *Voyez encore* le Titre des Crimes , N.º 42.

CONCUSSIONS. *Bacs.* Les adjudicataires , mariniers et autres préposés au service des bacs , qui auront , avec injures , menaces , violences ou voies de fait , exigé des taxes plus fortes que celles qui sont portées aux tarifs, seront punis d'une amende qui pourra être de 100 fr. et d'un emprisonnement qui ne pourra excéder trois mois, outre la restitution des sommes induement perçues (*Loi du* 18 *floréal an* 10 , *art.* 53. B. 188).

Toute personne qui , avec injures , menaces , violences ou voies de fait , refusera de payer la taxe légale , sera punie des mêmes peines et dommages et intérêts (*art.* 57).

Celle qui aura aidé ou favorisé la fraude , ou concouru à des contraventions sur la police des bacs , sera condamnée aux mêmes peines que les auteurs des fraudes et contraventions (*art.* 58). *Voyez encore* Navigation.

(146)

CONSEILS *de préfecture ;* extension de pouvoirs. *Voyez* Empiétement.

CONSCRITS. *Voyez* Déserteurs.

CONTREFAÇONS. Toute *édition d'é-crits*, de *composition musicale*, de *dessin*, de *peinture* ou de toute autre production, imprimée ou gravée en entier ou en partie, au mépris des lois ou réglemens relatifs à la propriété des auteurs, est une contrefaçon, et toute contrefaçon est un délit *(art.* 425).

Le débit d'ouvrages contrefaits, l'introduction sur le territoire français d'ouvrages qui, après avoir été imprimés en France, ont été contrefaits chez l'étranger, sont un délit de la même espèce *(art.* 426).

La peine contre le contrefacteur ou contre l'introducteur, sera une amende de 100 fr. à 2,000 fr. ; et contre le débitant, une amende de 25 fr. à 500 fr.

La confiscation de l'édition contrefaite sera prononcée tant contre le contrefacteur que contre l'introducteur et le débitant.

Les planches, moules ou matrices des objets contrefaits, seront aussi confisqués (*art.* 427).

Tout directeur, tout entrepreneur de spectacle, toute association d'artistes, qui aura

(147)

fait représenter sur son théâtre des *ouvrages dramatiques,* au mépris des lois et réglemens relatifs à la propriété des auteurs, sera puni d'une amende de 5o fr. à 5oo fr. et de la confiscation des recettes (*art.* 428).

Dans les cas prévus par les quatre articles précédens, le produit des confiscations, ou les recettes confisquées, seront remis au propriétaire pour l'indemniser d'autant du préjudice qu'il aura souffert ; le surplus de son indemnité, ou l'entière indemnité, s'il n'y a eu ni vente d'objets confisqués, ni saisies de recettes, sera réglé par les voies ordinaires (*art.* 429). —

Loi du 19 — 24 *juillet* 1793. Les auteurs d'écrits en tous genres, les compositeurs en musique, les peintres et dessinateurs qui feront graver des tableaux ou dessins, jouiront durant leur vie entière du droit exclusif de vendre, faire vendre, distribuer leurs ouvrages dans le territoire de la France, et d'en céder la propriété en tout ou en partie.

Leurs héritiers ou cessionnaires jouiront du même droit durant l'espace de vingt ans après la mort des auteurs (*Décret Imp. du* 5 *février* 1810. *B.* 264).

Chaque imprimeur est tenu de déposer à la

10*

préfecture de son département, et, à Paris, à la préfecture de police, cinq exemplaires de chaque ouvrage, savoir :

Un pour la Bibliothèque impériale , un pour le Ministre de l'Intérieur , un pour la Bibliothèque du conseil d'Etat , et un pour le Directeur général de la librairie (*même décret*).

Les *officiers* de paix (les juges de paix) sont tenus de faire confisquer , à la réquisition et au profit des auteurs, de leurs héritiers ou de leurs concessionnaires , tous les exemplaires des éditions imprimées ou gravées sans la permission par écrit des auteurs , héritiers ou concessionnaires (*Loi*).

Les livres d'église , les heures et prières, ne peuvent être imprimés ou réimprimés que d'après la permission donnée par les évêques diocésains , laquelle permission doit être textuellement rapportée et imprimée en tête de chaque exemplaire, à peine , contre les imprimeurs, libraires , d'être poursuivis conformément à la loi du 19 — 24 juillet 1793 (au Code Pénal). (*Décret Imp. du 7 germinal an* 13. *B.* 40).

CORRUPTION. Quiconque a tenté, mais sans succès , de contraindre ou de corrompre un fonctionnaire public , agent ou préposé

d'une administration publique , pour en obtenir , soit une opinion favorable , soit des,
procès-verbaux , états , certificats ou estimations contraires à la vérité , soit des places ,
emplois , adjudications , entreprises ou autres
bénéfices quelconques ; soit enfin tout autre
acte du ministère du fonctionnaire , agent ou
préposé , sera puni d'un emprisonnement de
trois à six mois , et d'une amende de 100 à
300 fr. (*art.* 179).

Les effets ou sommes données par le cor-
rupteur , seront confisqués au profit des hospices des lieux où la corruption aura été
commise (*art.* 180).

CORRUPTION de la jeunesse. *Voyez*
Outrages à la pudeur.

COSTUME. Déguisement. *Voyez* Décoration.

COSTUMES religieux. *Voyez* Ministres
des cultes.

COUPOIRS. *Voyez* Marques sur métaux.

COURTIERS de commerce. *Voyez* Commerce.

COUTEAUX en forme de poignard. *Voy.*
Armes prohibées.

CRIEURS. *Voyez* Ecrits et Colporteurs.

CULTES. Tout particulier qui , par des voies de fait ou des menaces , aura contraint ou empêché une ou plusieurs personnes d'exercer l'un des cultes autorisés , d'assister à l'exercice de ce culte , de célébrer certaines fêtes , d'observer certains jours de repos , et , en conséquence , d'ouvrir ou de fermer leurs ateliers , boutiques ou magasins , et de faire quitter certains travaux , sera puni , pour ce seul fait , d'une amende de 16 à 200 francs , et d'un emprisonnement de six jours à deux mois (*art.* 260).

Ceux qui auront empêché , retardé ou interrompu les exercices d'un culte par des troubles ou désordres causés dans le temple ou autre lieu destiné ou servant actuellement à ces exercices , seront punis d'une amende de 16 à 500 fr., et d'un emprisonnement de six jours à trois mois (*art.* 261).

Toute personne qui aura , par paroles ou gestes , outragé les objets d'un culte dans les lieux destinés ou servant actuellement à son exercice , ou les ministres de ce culte dans leurs fonctions , sera punie d'une amende de 16 à 200 francs , et d'un emprisonnement de quinze jours à six mois (*art.* 262).

Les dispositions ci-dessus ne s'appliquent

qu'aux troubles, outrages ou voies de fait dont la nature ou les circonstances ne donneront pas lieu à de plus fortes peines , d'après les dispositions du présent Code (*art.* 264).

Tout individu qui , sans la permission de l'autorité municipale , aura accordé ou consenti l'usage de sa maison ou de son appartement , en tout ou en partie , pour l'exercice d'un culte , sera puni d'une amende de 16 à 200 fr. (*art.* 294).

D.

DÉBITANS de poudre. *Voyez* Poudres et Salpêtres.

DÉCÈS. Ceux qui , sans l'autorisation préalable de l'officier public , auront fait inhumer un individu décédé , seront punis de dix jours à deux mois d'emprisonnement, et d'une amende de 16 à 50 fr. , sans préjudice des crimes dont les auteurs de ce délit pourroient être prévenus dans cette circonstance.

La même peine aura lieu contre ceux qui auront contrevenu , de quelque manière que ce soit , à la loi et aux réglemens sur les inhumations précipitées (*art.* 358).

Quiconque aura recélé ou caché le *cadavre*

d'une personne homicidée ou morte des suites de coups ou blessures , sera puni d'un emprisonnement de six mois à deux ans , et d'une amende de 50 à 400 francs , sans préjudice de peines plus graves , s'il a participé au crime (*art*. 359).

Sera puni d'un emprisonnement de trois mois à un an , et d'une amende de 16 à 200 fr. quiconque se sera rendu coupable de violation de *tombeaux* ou de *sépultures,* sans préjudice des peines contre les crimes ou les délits qui seroient joints à celui-ci (*art*. 360).

DÉCLARATION d'enfant nouveau-né , ou exposé avant l'âge de sept ans. *Voy*. Etat civil.

DÉCORATION. Toute personne qui aura publiquement porté un *costume ,* un *uniforme* ou une *décoration* qui ne lui appartenoit pas , ou qui se sera attribué des *titres impériaux* qui ne lui auroient pas été légalement conférés , sera puni d'un emprisonnement de six mois à deux ans (*art*. 259).

DÉFENSEURS. *Voyez* Calomnie.

DÉGRADATION *de monumens.* Quiconque aura détruit , abattu , mutilé ou dégradé des monumens , statues et autres objets destinés à l'utilité ou à la décoration publique, et élevés par l'autorité publique ou avec son autorisation, sera puni d'un emprisonnement d'un mois à deux ans, et d'une amende de 100 à 500 fr. (*art.* 257).

DÉLÉGUES. *Voyez* Outrages, N.º

DÉLITS FORESTIERS. *Adjudicataires.* Il est défendu aux arpenteurs et gardes forestiers d'enlever les bois abattus dans les layes et tranchées, lesquels appartiennent aux adjudicataires, à peine de 100 francs d'amende, et aux riverains, de punition exemplaire (*Ordonnance d'août* 1669, *Titre* 15, *art.* 8).

Il ne peut être donné aucun bois par forme de remplacement de vides ou de chemins dans les ventes, à peine de 3,000 francs d'amende contre les agens forestiers (*art.* 13).

Il est défendu de changer en tout ou en partie les ventes, après l'adjudication, à peine de punition exemplaire des agens forestiers, de restitution du quadruple du prix des ventes, et d'amende contre les marchands (*art.* 14).

Les bois, tant futaies que taillis, sont abattus avant le 15 avril, et enlevés dans le temps prescrit par l'inspecteur forestier, à peine d'amende arbitraire et de confiscation des bois contre les adjudicataires, sans que les agens forestiers puissent accorder aucune prorogation pour coupes et vidanges, sous pareille peine d'amende et de destitution (*art.* 40).

Les bois de *cépées* ne peuvent être abattus qu'à la cognée, à peine de 100 fr. d'amende et de confiscation des bois et des serpes ou scies des ouvriers (*art.* 44).

Les adjudicataires ne peuvent retenir dans leurs ventes d'autres bois que ceux qui en proviennent, à peine d'être punis comme s'ils avoient volé les bois ainsi retirés (*art.* 48).

Nulle personne ne peut faire travailler nuitamment dans les ventes en coupes, ni y prendre et enlever du bois, à peine de 100 fr. d'amende (*art.* 49).

Les adjudicataires sont responsables de tous les délits qui se font à l'*ouie* de la cognée aux environs de leurs ventes, estimés pour les bois de cinquante ans et au dessus à 350 mètres, et à 180 mètres pour ceux au dessous de cinquante ans, si les adjudicataires ou leurs facteurs n'en ont fait leur rapport (*art.* 51).

S'il se rencontre quelque outre-passe ou entreprise au delà des pieds corniers, l'adjudicataire doit être condamné à payer le quadruple , à raison du prix principal de son adjudication , au cas que les bois où elle est faite soient de même essence que celui de la vente ; et s'ils sont de meilleure nature , qualité et plus âgés, il est tenu d'en payer l'amende en restitution au pied de tour (*Tit.* 16, *art.* 9).

L'adjudicataire qui ne représente point les baliveaux, arbres de lisière, parois , tournans et pieds corniers laissés à sa garde, est tenu de les payer , ainsi qu'il est dit au chapitre des amendes qui suit (*Tit.* 33, *art.* 10).

Il est défendu à tous adjudicataires des bois nationaux et des bois particuliers joignant les forêts nationales , ainsi qu'aux propriétaires , d'en donner aux bûcherons et autres ouvriers pour leurs salaires , à peine de répondre de tous les délits qui se commettent dans les forêts nationales , pendant lesdites usances et jusqu'au recolement des ventes ; et aux bûcherons et autres ouvriers , d'emporter , sortant des ateliers, aucun bois scié , fendu ou d'autre nature , à peine de 50 fr. d'amende pour la première fois , et de punition en cas de récidive (*Tit.* 27, *art.* 26).

Coupes et enlèvemens d'arbres. L'amende ordinaire pour délits commis depuis le lever jusqu'au coucher du soleil, sans feu et sans scie, par personnes privées, n'ayant charges, usages, ateliers ou commerce dans les forêts nationales, bois et garennes, sera la première fois de 4 liv. pour chaque pied de tour de chêne et de tous autres arbres fruitiers indistinctement, même de châtaignier, de 5o sous pour chaque tour de saule, hêtre, orme, tillot, sapin, charme et frêne, et 3o sous pour pied d'arbres de toute autre espèce, vert, sec ou abattu, et sera le tout pris et mesuré à demi-pied de terre (*Tit.* 33, *art.* 1).

Ehoupage. Ceux qui auront éhoupé, ébranché et déshonoré des arbres, paieront la même amende au pied du tour, que s'ils les avoient abattus par le pied (*art.* 2).

Bois travaillé. Pour chaque charretée de mérin, bois quarré de sciage ou de charpenterie, l'amende sera de 8o liv.; pour la charretée de bois de chauffage, 15 liv.; pour la somme ou charge de cheval ou bourrique, 4 liv., et pour le fagot ou bourrée, 1 livre (*art.* 3).

Bois de réserve. Pour étalons, baliveaux, parois, arbres de lisière et autres arbres de réserve, 5o liv.

Pour pied cornier, marqué du marteau,

abattu, 100 liv. et 200 liv. pour pied cornier arraché et déplacé , réduisant néanmoins l'amende, pour baliveaux de l'âge du bois réservé dans les taillis au dessous de vingt ans, à 10 liv. (*art.* 4).

Temps du délit. Si les délits se trouvent avoir été commis depuis le coucher jusqu'au lever du soleil par scie ou par feu, soit par les officiers des forêts ou des chasses, arpenteurs, laveurs , gardes, usagers, coutumiers, pâtres, poissonniers , marchands ventiers et leurs facteurs , gardes-ventes , bûcherons , charbonniers , briquetiers et tous autres employés à l'exploitation des forêts et ateliers des bois en provenans, l'amende en sera double (*art.* 5).

En cas de récidive , les officiers forestiers seront privés de leurs places , les marchands de leurs ventes , les usagers de leurs droits et coutumes , et tous bannis à perpétuité des forêts (*art.* 6).

Responsabilité des maîtres et marchands. Les marchands , maîtres de forges , fermiers, usagers, riverains ou autres occupant les maisons , fermes et autres propriétés dans l'enclos et à deux lieues des forêts nationales, sont responsables civilement de leurs commis , charretiers , pâtres et domestiques (*art.* 7).

Restitutions et dommages. Les restitutions, dommages et intérêts seront adjugés de tous délits, au moins à pareille somme que portera l'amende (*art.* 8).

Outre l'amende, restitution et dommages et intérêts, il y aura toujours confiscation des chevaux, mulets, bourriques et harnois qui se trouveront chargés des bois de délit, ainsi que des scies, haches, serpes, cognées et autres outils saisis sur les délinquans (*art.* 9).

Les bestiaux trouvés en délit ou hors des lieux, routes et chemins désignés, seront pareillement confisqués ; et où les bêtes ne pourroient être saisies, les propriétaires seront condamnés à l'amende, qui sera de 20 liv. pour chaque cheval, bœuf ou vache ; 5 liv. pour chaque veau, et 3 liv. pour mouton et brebis ; le double pour la seconde fois, et pour la troisième fois le quadruple de l'amende ; bannissement des forêts contre les pâtres et conducteurs, desquels les maîtres et pères demeureront civilement responsables (*art.* 10).

Il sera procédé sans délai à la vente des bestiaux pris en délit et confisqués, au plus offrant et dernier enchérisseur, au jour de marché à leur juste valeur, à la diligence (des receveurs de l'enregistrement) ; et s'il arrivoit que par l'influence des propriétaires il ne se trouvât point d'enchérisseurs , lesdits receveurs en feront dresser procès - verbal , et seront les bestiaux envoyés vendre aux marchés des villes où ils trouveront plus à propos pour l'avantage de l'Etat (*art.* 11).

Toutes personnes privées , coupant ou amassant de jour des herbages , glands ou faînes , de telle nature ou âge que ce soit , et les emportant des forêts , boquetaux , garennes et buissons , seront condamnées pour la première fois , savoir : pour fait à col ou à dos , 5 francs ; pour charge de cheval ou bourrique. 20 francs, et pour harnois, 40 francs ; le double en cas de récidive , et la troisième le bannissement des forêts ; et dans tous les cas confiscation des chevaux , bourriques et harnois qui se trouveront chargés (*art.* 12).

Toutes personnes qui auront coupé , arraché et emporté arbres, branches ou feuillages des forêts nationales ou autres , pour nôces ou fêtes, seront punies de l'amende et restitution, dommages et intérêts , selon le tour et quantité de bois , ainsi qu'elles le seroient en d'autres délits (*art.* 13).

Il est défendu aux officiers forestiers d'arbitrer les amendes et peines, à peine de répétition contre eux, de suspension de fonctions pour la première fois, et de destitution en cas de récidive (*art.* 14).

Ne sera fait don, remise ou modération desdites amendes pour quelque cause que ce soit (*art.* 15).

S'il arrivoit que les officiers forestiers fussent convaincus d'avoir commis supposition ou fraude dans leurs rapports et procès-verbaux, ils seront condamnés au quadruple, destitués, bannis des forêts et punis corporellement comme fauteurs et prévaricateurs, et les gardes qui auront fait le rapport (*punis de la peine des fers*) sans aucune modération (*art.* 26).

Fours, Usines et Bâtimens. Leur défendons (aux grands maîtres) de permettre ni souffrir aucuns *fours* ni *fourneaux,* façon de cendres, *défrichemens, arrachis,* et *enlèvemens de plants, glands* et faînes de nos forêts, à peine d'amende arbitraire et de tous nos dommages et intérêts (*Tit.* 3, *art.* 18).

Défendons à toutes personnes d'enlever dans l'étendue et aux reins de nos forêts, *terres, marnes* ou *argiles,* ni de faire *chaux* à (679 mètres) de distance, sans notre permission

mission expresse, à peine de 500 fr. d'amende et de confiscation de chevaux et harnois (*Tit.* 27 , *art.* 12).

Toutes *maisons* bâties sur perches dans l'enceinte , aux reins et à demi-lieue des forêts , par des *vagabonds* et *inutiles ,* seront incessamment démolies , et leur sera fait défenses d'en bâtir à l'avenir dans la distance de deux lieues de nos bois et forêts, à peine de punition corporelle (*art.* 17).

Défendons à toutes personnes de faire construire à l'avenir aucuns *châteaux , fermes* et *maisons* dans l'enclos, aux rives et à demilieue de nos forêts , sans espérance d'aucune remise ni modération des peines d'amende et de confiscation du fonds et des bâtimens (*art.* 18).

Cendre , charme et brûlement d'arbres. Il est défendu aux marchands ventiers , usagers et à toutes autres personnes , de faire des cendres dans les forêts nationales ; aux usufruitiers et aux officiers forestiers de le souffrir , à peine d'amende arbitraire , et de confiscation des bois vendus , ouvrages et outils , et destitution des officiers (s'il n'y a permission contraire des *conservateurs*) (Tit. 27 , *art.* 19).

11

Il est défendu à toutes autres personnes de tenir atelier de cendres, ni d'en faire façonner ailleurs que dans les ventes, ou en faire transporter, que les tonneaux ne soient marqués du marteau du marchand, sous peine d'amende arbitraire et de confiscation (*art.* 21).

Il est défendu à toutes personnes de charmer ou brûler les arbres, ni d'en enlever l'écorce, sous peine de punition corporelle (*art.* 22).

Fosses à charbon et feu. Seront, les fosses à charbon, placées aux endroits les plus éloignés des arbres et du recru, et les marchands tenus de les repeupler et réserver, s'il est jugé à propos par le (*conservateur*), avant qu'ils puissent obtenir leur congé de cour, à peine d'amende arbitraire (*même art.*).

Les cercliers, vanniers, tourneurs, sabotiers et autres de pareille condition, *ne pourront tenir ateliers dans la distance de demi-lieue de nos forêts,* à peine de confiscation de leurs marchandises, et de 100 liv. d'amende (*art.* 23).

Les officiers forestiers doivent empêcher *le débit du bois de délit* ès villes fermées qui sont à la distance de deux lieues des forêts, et à cet effet leur permettons de faire perquisition *dans les maisons ;* et pourront les gardes, en présence du juge ordinaire (*du maire de la commune*) faire les mêmes visites (*art.* 24).

Défendons à tous marchands, adjudicataires de nos bois, ou de ceux des particuliers joignant nos forêts, et même aux propriétaires qui les feront user, *d'en donner aux bûcherons* et aux ouvriers pour leur salaire, et ceux-ci d'emporter, sortant des ateliers, aucun bois scié, fendu ou d'autre nature, à peine de 500 liv. d'amende pour la première fois, et de punition en cas de récidive (*art.* 26).

Défendons à tous marchands de *peler* les bois de leurs ventes étant debout et sur pied, sous peine de 500 livres d'amende et de confiscation (*art.* 28).

Feu. Il est défendu à toutes personnes de porter et allumer du feu, en quelque saison que ce soit, dans les forêts, landes et bruyères appartenant à qui que ce soit, à peine de punition corporelle et d'amende arbitraire, outre la réparation des dommages que l'incendie pourroit avoir causés, dont les communes, et autres qui ont choisi des gardes, sont civilement responsables.

Il est également défendu d'en allumer plus près que de 98 m. (50 toises) (*art.* 52).

Usagers. Bois mort et vert, etc. Il est défendu à tous usagers d'y établir des loges, et de faire couper et enlever des arbres, perches et mort-bois sec et vert, à peine d'amende, restitution, dommages et intérêts, et de privation du droit d'usage (*art.* 33).

Les usagers, et autres personnes trouvés de nuit dans les forêts, hors les routes et grands chemins, avec serpes, haches, scies ou cognées, seront emprisonnés et condamnés pour la première fois en 6 fr. d'amende, 20 fr. pour la seconde fois, et pour la troisième fois bannis de la forêt (*art.* 34).

Pâturage dans les bois communaux. Les habitans ne pourront mettre leurs bestiaux en pâturages, que dans les cantons reconnus et déclarés défensables dans le procès-verbal de visite du conservateur (*Loi du* 29 *septembre* — 6 *octobre* 1791, *tit.* 12, *art.* 16).

Dans les bois nationaux et autres (suite de l'ordonnance de 1669). Les habitans usagers donneront déclaration du nombre des bestiaux qu'ils possèdent ou tiennent à louage, dont sera fait rôle, contenant le nom de ceux à qui ils appartiendront, lequel sera porté au

greffe du tribunal de police correctionnelle ;
pour être transcrit en un registre qui ·sera
tenu au greffe, et paraphé du président et du
procureur impérial près ledit tribunal (*Tit.* 19,
art. 2).

Les inspecteurs forestiers assigneront à
chaque hameau , village , ou communauté
usagère, une contrée particulière , la plus
commode qu'il se pourra, en laquelle, ès lieux
défensibles seulement , les bestiaux puissent
être menés et gardés séparément , sans mélange de troupeaux d'autres lieux , le tout à
peine de confiscation des bestiaux et d'amende
arbitraire contre les pâtres , et de destitution
des officiers et gardes forestiers qui permet-
tront ou souffriront le contraire ; et seront
toutes les délivrances faites sans frais ni droits,
à peine de concussion (*art* 3).

La déclaration des contrées et de la liberté
d'y envoyer en pâturages , sera publiée (l'un
des dimanches du mois de février , à la diligence du maire), avec défenses aux usagers et
à tous autres d'y envoyer paître leurs bestiaux ès autres lieux, à peine de confiscation
et de privation de leurs usages (*art.* 4).

Tous les bestiaux appartenans aux usagers
d'une même commune ou hameau, ayant droit

d'usage, seront marqués d'une même marque, dont l'empreinte sera mise au greffe, avant que de pouvoir les envoyer au pâturage, et chaque jour assemblés en un lieu destiné pour chaque commune ou hameau, en un seul troupeau, et conduit par un seul chemin, qui sera indiqué par les officiers forestiers, le plus commode et le mieux défendu, sans qu'il soit permis de changer et prendre une autre route, allant et retournant, à peine de confiscation de bestiaux, d'amende arbitraire contre les propriétaires, et de punition exemplaire contre les pâtres et gardes (*art.* 6).

Les particuliers seront tenus de mettre au col de leurs bestiaux des clochettes, dont le son puisse avertir des lieux où ils pourront s'échapper et faire dégât, afin que les pâtres y courent, et que les gardes se saisissent des bêtes écartées et trouvées en dommages hors des cantons désignés et publiés défensables (*art.* 7).

Il est défendu à tout habitant de mener ses bestiaux à garde séparée, et de les envoyer en la forêt par sa femme, ses enfans ou domestiques, à peine de 10 francs d'amende pour la première fois, de confiscation pour la seconde, et de privation de tout usage pour la troisième fois; ce qui sera pareillement observé à l'égard des personnes qui jouiront du droit comme habitant, nonobstant les droits du troupeau à part, et toutes coutumes ou possessions contraires (*art.* 8).

Ne peuvent les particuliers usagers prêter leurs noms et maisons aux marchands et habitans des villes et autres lieux voisins, pour y retirer leurs bestiaux ; et s'il s'y en trouvoit qui fussent ainsi retirés ou donnés frauduleusement par déclaration, ils seront confisqués, et l'usager condamné pour la première fois en l'amende de 50 francs, et en cas de récidive, privé de tout usage (*art.* 10).

Il est défendu à tous particuliers d'envoyer leurs bestiaux en pâturages, sous prétexte de baux et permissions des officiers, receveurs ou administrateurs et fermiers du domaine, même des engagistes ou usufruitiers, à peine de confiscation des bestiaux et de 100 francs d'amende (*art.* 11).

Chèvres, moutons. Il est défendu aux habitans des communes usagères, et à toutes personnes ayant droit de pacage dans les forêts nationales, communales et des particuliers, d'y mener ou envoyer bêtes à laines, chèvres, brebis et moutons, ni même ès landes et bruyères, places vaines et vagues, aux rives des bois et forêts , à peine de confiscation des bestiaux , et de 3 fr. d'amende pour chaque tête de bétail ; et seront les bergers et gardes de telles bêtes condamnés à l'amende de 10 fr. pour la première fois , fustigés et bannis en cas de récidive , et demeureront les propriétaires des bestiaux responsables civilement des condamnations rendues contre les bergers (*art.* 13) .

Les habitans des maisons usagères jouiront du droit de pâturage et de pacage , pour les bestiaux de nourriture seulement, et non pour ceux dont ils feront trafic et commerce, à peine d'amende et de confiscation (*art* 14).

Il est défendu aux usagers des bois , forêts et landes où le feu a passé , d'y faire paître leurs bestiaux pendant les cinq annés qui suivent cet événement, sans en avoir obtenu la permission , à peine de confiscation des bestiaux , de prison pendant un mois contre les pâtres, et de 30 francs d'amende pour chaque bête en contravention (ou d'une amende de 500 francs , outre la confiscation des bestiaux) (*Arrêt du Conseil d'Etat du*.... 1741 , *et déclaration du* 13 *novembre* 1714 ; *et arrêts du Conseil d'Etat des* 15 *septemb.* 1719 — 15 *octobre* 1726 *et* 29 *juin* 1728).

Le maraudage ou l'enlèvement de bois fait à dos d'homme dans les bois, taillis ou futaies, ou autres plantations d'arbres des particuliers ou communautés, doit être puni d'une amende double du dédommagement. La peine de la détention, qui aura toujours lieu, peut être de trois mois (*Loi du 6 octobre* 1791, *art.* 36).

Le *vol* dans lesdits bois ou plantations, exécuté à charge de bête de somme ou charrette, doit être puni d'une amende du triple du dédommagement, et de trois mois jusqu'à six de détention (*art.* 37.) *Voyez* encore Vol dans les ventes, au Titre des Crimes.

Les dégâts faits dans les bois taillis des particuliers ou des communautés, par des bestiaux ou troupeaux, seront punis de la manière suivante :

Il sera payé d'amende pour une bête à laine ou pour un cochon, 1 fr. : pour une chèvre ou un cheval, ou autre bête de somme, 2 fr. : pour un bœuf, une vache ou un veau, 3 fr.

Si les bois taillis sont dans les six premières années de leur croissance, l'amende sera double.

Si les dégâts sont commis en présence du pâtre, et dans les bois taillis de moins de six ans, l'amende sera triple.

S'il y a récidive dans l'année, l'amende sera double; et s'il y a réunion des deux circonstances précédentes, ou récidive avec une des deux circonstances, elle sera quadruple.

Le dédommagement dû au propriétaire sera estimé de gré à gré ou à dire d'experts (*art.* 38).

Tout dévastateur des bois, pris sur le fait, peut être saisi par tout gendarme national, sans aucune réquisition d'officier civil (*art.*39).

DÉNONCIATION calomnieuse. *Voyez* Calomnies.

DÉPOSITAIRES publics. *Voyez* Soustractions.

DÉPOSITAIRES privés. *Voyez* Abus de confiance.

DÉSERTEURS. Tout administrateur de département ou de canton (*d'arrondissement et de commune*), officier de police judiciaire, etc., qui n'exécutera pas ponctuellement, en ce qui le concerne, les lois relatives aux *déserteurs,* aux *fuyards* de la réquisition (ou de la conscription, *Loi du* 17 *ventose an* 8. *B.* 12), et à leurs complices, ou qui en empêchera ou en entravera l'exécution, sera puni de deux années d'emprisonnement (*Loi du* 24 *brumaire an* 6, *art.* 1. *B.* 157).

Tout fonctionnaire public convaincu d'avoir favorisé la désertion, ou retardé le départ des déserteurs et des citoyens de la réquisition, soit par des écrits, soit par des discours, sera, outre l'emprisonnement, condamné à une amende de 500 fr. à 1,500 fr. (*art.* 2, *et loi du 17 ventose an 8. B. 12*).

Tout habitant de l'intérieur, convaincu d'avoir recélé sciemment la personne d'un déserteur ou réquisitionnaire (ou conscrit), ou d'avoir favorisé son évasion, ou de l'avoir soustrait d'une manière quelconque aux poursuites ordonnées par la loi, doit être puni d'une amende de 500 fr. à 1,500 fr. et d'un emprisonnement d'un an.

L'emprisonnement sera de deux ans, si le déserteur ou réquisitionnaire (conscrit) a été recélé avec armes et bagages (*art.* 4, *et loi du 17 ventose an 8*).

Les poursuites judiciaires ont lieu contre les pères et mères qui favorisent la désobéissance de leurs enfans, comme elle a lieu contre les étrangers à la famille des conscrits (*Avis du Grand Juge, ministre de la justice, du 2 décembre 1807*).

Pour être considéré comme recéleur de conscrit, il n'est pas nécessaire de l'avoir retiré pendant la nuit ; il suffit de l'avoir employé à un travail habituel (*Avis du même Ministre*).

Celui qui aura reçu chez lui un déserteur ou réquisitionnaire fugitif (un conscrit), ne sera point admis à proposer comme excuse valable , que ledit déserteur (ou conscrit) étoit entré chez lui en qualité de serviteur à gages , à moins qu'il ne l'ait préalablement présenté au maire de sa commune pour l'interroger , examiner ses papiers et passeports , et s'assurer par tous les moyens possibles qu'il n'étoit point dans le cas de la désertion ni de la (conscription) (*art.* 5).

La négligence des administrateurs à cet égard doit être punie comme il est dit à l'article 1ᵉʳ.

Et en cas de connivence pour favoriser la désertion , les peines portées par l'art. 2 leur seront appliquées (*art.* 6).

Ceux qui seroient convaincus d'avoir fait de fausses déclarations aux autorités , pour favoriser la désertion , seront punis des mêmes peines que les recéleurs (*art.* 7).

Ces peines sont applicables aux officiers de gendarmerie qui négligeroient de faire partir ou rejoindre les conscrits réfractaires ou déser-

teurs. A cet effet, les commandans de division et les préfets les dénoncent au ministre
de la guerre, et celui-ci au conseil de guerre
(*art.* 10 *de l'arrêté du* 17 *ventose an* 8. *B.* 9).

Sont réputés fauteurs de désertion, ceux
qui favorisent la contravention aux costumes
fixés pour les déserteurs condamnés aux travaux publics et au boulet (*art.* 50 *et* 54 *de
l'arrêté du* 19 *vendémiaire an* 12).

Tous fonctionnaires civils ou militaires qui
ont obtenu des indices tendant à prouver
qu'un fonctionnaire public, ou autre citoyen,
a encouru les peines portées par la loi du
24 brumaire an 6, doivent, à peine d'être
eux-mêmes poursuivis conformément à l'article 1.ᵉʳ de ladite loi, adresser sans retard
ces indices et les pièces à l'appui au procureur
général impérial près la cour impériale dans
l'arrondissement de laquelle se trouve le département où le prévenu est domicilié (*art.* 1ᵉʳ.
de l'arrêté du 14 *vendémiaire an* 12).

Marins. Tout capitaine de navire, ou
autre soumis à l'inscription maritime, convaincu d'avoir recélé un marin déserteur,
d'avoir favorisé son évasion, ou de l'avoir,
de quelque manière que ce soit, soustrait au
service de l'État ou aux recherches, sera con-

damné, en temps de paix, à une amende de 300 à 3,000 fr. et à un emprisonnement d'un an. Si c'est en temps de guerre, l'emprisonnement sera de deux ans (*Décret Impérial du 9 messidor an* 13. *B.* 48).

La loi du 6 floréal an 11 et autres, relatives à la conscription de terre, sont applicables aux marins (*arrété du* 1.er *ventose an* 12.*B.* 347).

Le procureur général impérial envoie, dans les vingt-quatre heures, ces pièces à son substitut, et le tribunal de police correctionnelle procéde et prononce, toutes affaires cessantes, sauf néanmoins l'exécution de l'article 75 de l'acte constitutionnel de l'an 8 concernant les agens du Gouvernement (*art.* 2 et 3 *du méme arrété*).

Les peines portées contre les recéleurs de déserteurs et conscrits réfractaires, par les lois des 24 brumaire an 6 et 17 ventose an 8, ont lieu contre tout Français qui reçoit et garde chez lui des déserteurs ou conscrits réfractaires du royaume d'Italie, avec connoissance de leur désobéissance aux lois de leur pays. (*Loi du* 30 *décembre* 1809.*B.* 257).

DESTRUCTIONS. Quiconque aura volontairement brûlé, ou détruit d'une manière quelconque, des registres, minutes ou actes,

pièces ou effets , (autres que des registres, minutes ou actes de l'autorité publique ; des titres,
billets , lettres de change , effets de commerce
ou de banque, contenant ou opérant obligation , disposition ou décharge) sera puni d'un
emprisonnement de deux à cinq ans et d'une
amende de 100 fr. à 300 fr. (*art.* 439). *Voyez*
encore le Titre des Crimes, N.º 149 et suivans.

Quiconque, à l'aide d'une liqueur corrosive
ou tout autre moyen, aura volontairement
gâté des *marchandises* ou matières servant à
fabrication, sera puni d'un emprisonnement
d'un mois à deux ans et d'une amende de 16
fr. au moins jusqu'au quart des dommages et
intérêts.

Si le délit a été commis par un ouvrier de
la fabrique ou par un commis de la maison
de commerce, l'emprisonnement sera de deux
à cinq ans , sans préjudice de l'amende (*art.*
443).

Quiconque aura dévasté des *récoltes* sur
pied , ou des *plans* venus naturellement ou
faits de main d'homme, sera puni d'un emprisonnement de deux à cinq ans ;

Et pourra être mis sous la surveillance de
la haute police pendant cinq ans jusqu'à dix
(*art.* 444).

Quiconque aura abattu un ou plusieurs *arbres* qu'il savoit appartenir à autrui, sera puni d'un emprisonnement de six jours à six mois à raison de chaque arbre, sans que la peine puisse excéder cinq ans (*art.* 445).

Les peines seront les mêmes à raison de chaque arbre mutilé, coupé ou écorcé de manière à le faire périr (*art.* 446).

S'il y a eu destruction d'une ou de plusieurs *greffes*, l'emprisonnement sera de six jours à deux mois, à raison de chaque greffe, sans que la totalité puisse excéder deux ans (*art.* 447).

Le *minimum* de la peine sera de vingt jours dans les cas prévus par les art. 445 et 446, et de 10 jours dans le cas prévu par l'art. 447, si les arbres étoient plantés sur les places, routes, chemins, rues ou voies publiques, ou vicinales ou de traverse (*art.* 448).

Quiconque aura coupé des *grains* ou des *fourrages* qu'il savoit appartenir à autrui, sera puni d'un emprisonnement de six jours à deux mois (*art.* 449).

L'emprisonnement sera de vingt jours à quatre mois s'il a été coupé du grain en vert.

Dans les cas prévus par le présent article et les six précédens, si le fait a été commis en haine

haine d'un fonctionnaire public et à raison de ses fonctions, le coupable sera puni du *maximum* de la peine affectée à chaque délit.

Il en sera de même, quoique cette circonstance n'existe point, si le fait a été commis pendant la nuit (*art.* 450).

Toute rupture, toute destruction d'*instrumens d'agriculture*, de *parcs* de bestiaux, de *cabanes* de gardiens, sera punie d'un emprisonnement d'un mois à un an (*art.* 451).

Quiconque aura *empoisonné* des *chevaux* ou autres bêtes de voiture, de monture ou de charge, des *bestiaux* à cornes, des *moutons,* *chèvres* ou *porcs,* ou des *poissons* dans des étangs, viviers, ou réservoirs, sera puni d'un emprisonnement d'un à cinq ans et d'une amende de 16 à 300 fr.; les coupables pourront être mis, en outre, sous la surveillance de la haute police pendant deux ans jusqu'à cinq (*art.* 452).

Ceux qui, sans nécessité, auront tué l'un des animaux mentionnés au précédent article, seront punis, savoir :

Si le délit a été commis dans les bâtimens, enclos et dépendances, ou sur les terres dont le maître de l'animal tué étoit propriétaire , locataire , colon ou fermier , d'un emprisonnement de deux à six mois.

S'il a été commis dans les lieux dont le coupable étoit propriétaire, locataire , colon ou fermier , de six jours à un mois d'emprisonnement.

S'il a été commis dans tout autre lieu, de quinze jours à six semaines de prison.

Le *maximum* de la peine sera toujours prononcé en cas de violation de clôture (*art.* 453).

Quiconque aura, sans nécessité, tué un animal domestique dans un lieu dont celui à qui cet animal appartient est propriétaire, locataire, colon ou fermier, sera puni d'un emprisonnement de six jours à six mois.

S'il y a eu violation de clôture, le *maximum* de la peine sera prononcé (*art.* 454).

Dans les cas prévus par les articles 444 et suivans, jusqu'au précédent article inclusivement, il sera prononcé une amende qui ne pourra excéder le quart des restitutions et dommages et intérêts, ni être au dessous de 16 fr. (*art.* 455).

Quiconque aura, en tout ou en partie, comblé des *fossés*, détruit des *clôtures* de quelques matériaux qu'elles soient faites, coupé ou arraché des *haies vives* ou *sèches*; quiconque aura déplacé ou supprimé des *bornes* ou *pieds corniers*, ou autres arbres plantés ou reconnus pour établir les limites entre différens héritages, sera puni d'un emprisonnement d'un mois à un an, et d'une amende de cinquante francs au moins, jusqu'au quart des restitutions et des dommages et intérêts (*art.* 456).

DESTRUCTION de titres. *Toyez* Soustractions.

DÉTENTION *arbitraire*. Les gardiens et concierges des maisons de dépôt, d'arrêt, de justice ou de peine, qui auront reçu un prisonnier, sans mandat ou jugement, ou sans ordre provisoire du Gouvernement ; ceux qui l'auront retenu ou auront refusé de le représenter à l'officier de police ou au porteur de ses ordres, sans justifier de la défense du procureur impérial ou du juge ; ceux qui auront refusé d'exhiber leurs registres à l'officier de police, seront, comme coupables de détention arbitraire, punis de six mois à deux ans d'emprisonnement et d'une amende de 16 à 200 fr. (*art.* 120).

DÉTENTIONS *illégales*. Seront punis d'un emprisonnement de deux à cinq ans, ceux qui, sans ordre des autorités constituées et hors les cas où la loi ordonne de saisir des prévenus, ont arrêté, tenu, ou sequestré des personnes, s'ils leur ont rendu la liberté avant le dixième jour accompli depuis celui de leur arrestation. Ils pourront, de plus, être envoyés sous la surveillance de la haute police pendant cinq ans et jusqu'à dix. (*art.* 343). *Voyez encore* le Titre des Crimes pour le cas où la détention a été plus longue, N.ºs 5, 6, et 9.

DÉVERSOIRS. Inondations. *Voyez* Moulins.

DOUANES. Les étoffes de toute espèce, les toiles de coton blanches, teintes ou peintes ; les toiles de Nankin, les mousselines, la bonneterie, la rubannerie, les sucres rafinés, bruts, têtes et terrés, les cafés et autres denrées coloniales, les poissons salés, les cotons filés, les tabacs en feuille et fabriqués, ne peuvent, pendant la nuit, être transportés et circuler dans la distance d'un myriamètre des côtes, ni des rives des fleuves, rivières et canaux qui conduisent de la mer dans les ports intérieurs, mais seulement jusqu'au point où il existe des bureaux de douane, à peine de confiscation et de 500 'fr. d'amende (*Loi du 8 floréal an* 11. *B.* 276).

Tout magasin , ou entrepôt de marchandises manufacturées , ou dont le droit d'entrée excède 12 fr. par quintal , ou enfin dont la sortie est prohibée ou assujettie à des droits par le nouveau tarif, est défendu dans la distance comprise dans la ligne des douanes , à peine de confiscation des marchandises et d'une amende de 100 fr. contre ceux qui les ont reçues en dépôt.

Sont exceptés de la prohibition les *lieux* dont la population est au moins de deux mille ames.

Sont exceptées les *marchandises* du cru du pays (*Loi du* 22 *août* 1791).

Les communes , sur le territoire desquelles des attroupemens ou rassemblemens , armés ou non armés , se seroient portés au pillage des bureaux des dépôts des douanes , et auroient exercé quelque violence contre les propriétés nationales ou privées , sont responsables de ces délits et des dommages et intérêts auxquels ils donnent lieu ;

Ou lorsque , par suite de ces rassemblemens , un préposé aux douanes , ou autre individu , y auroit été pillé , maltraité ou homicidé , tous les habitans sont tenus de lui payer, ou à sa veuve et ses enfans, des dommages et intérêts (*Loi du* 10 *vendémiaire an* 4. *B*, 188, *et arrêté du quatrième jour complémentaire an* 11. *B*. 315).

Ces dommages et intérêts sont prononcés civilement.

DOUBLÉ. *Voyez* Ouvrages d'or et d'argent.

DROGUES *pharmaceutiques.* Les épiciers et droguistes ne peuvent vendre aucune composition ou préparation pharmaceutique, sous peine de 500 fr. d'amende.

Ils ne peuvent vendre aucune drogue simple au poids médicinal (*art.* 33 *de la loi du* 21 *germinal an* 11. *B*. 270). *Voyez* Poisons.

En cas de vente de médicamens gâtés, les délinquans doivent être punis d'une amende de 100 fr. et d'un emprisonnement qui ne peut excéder 6 mois (*art.* 21 *de la loi du* 22 *juillet* 1791).

Les *eaux minérales* sont considérées comme des médicamens.

Tout débit au poids médicinal, toute distribution de drogues et préparations médicamenteuses, sur des théâtres ou étalages dans les places publiques, foires et marchés; toute annonce et affiche imprimée qui indiqueroit des remèdes secrets, sous quelque dénomination qu'ils soient présentés, sont sévèrement prohibés , à peine d'une amende de 25 à 600 fr. contre les contrevenans , et en outre , en cas de récidive , d'une détention de trois jours au moins et de dix au plus (*Loi du 29 pluviose an* 13).

DROITS *civiques*. Lorsque par attroupement , voies de fait ou menaces , on a empêché un ou plusieurs citoyens d'exercer leurs droits civiques , chacun des coupables sera puni d'un emprisonnement de six mois au moins et de deux ans au plus , et de l'interdiction du droit de voter et d'être éligible pendant cinq ans au moins et dix ans au plus (*art.* 109).

Tout citoyen , non chargé du dépouillement du scrutin , qui sera surpris falsifiant les billets ou en soustrayant de la masse , ou y en ajoutant , ou inscrivant sur les billets des citoyens non lettrés , des noms autres que ceux qui lui auroient été déclarés , sera puni d'un emprisonnement de six mois à deux ans , et de l'interdiction du droit de voter et d'être éligible pendant cinq ans au moins et dix ans au plus (*art.* 112).

Tout citoyen qui aura , dans les élections , acheté ou vendu un suffrage à un prix quelconque , sera puni d'interdiction des droits de citoyen et de toute fonction ou emploi public, pendant cinq ans au moins et dix ans au plus,

Seront en outre le vendeur et l'acheteur du suffrage, condamnés chacun à une amende double de la valeur des choses reçues ou promises (*art.* 113).

DUEL. *Voyez* Meurtre ou Blessures.

E

ÉCRITS. Toute publication ou distribution d'ouvrages, *écrits, avis, bulletins, affiches, journaux, feuilles périodiques* ou autres *imprimés,* dans lesquels ne se trouvera pas l'indication vraie des noms, profession et demeure de l'auteur *ou* de l'imprimeur, sera, pour ce seul fait, punie d'un emprisonnement de six jours à six mois, contre toute personne qui aura *sciemment* contribué à la publication ou distribution (*art.* 283).

Cette disposition sera réduite à des peines de simple police, 1.° à l'égard des crieurs, afficheurs, vendeurs ou distributeurs qui auront fait connoître la personne de laquelle ils tiennent l'écrit imprimé;

2.° A l'égard de quiconque aura fait connoître l'imprimeur;

3.° A l'égard même de l'imprimeur qui aura fait connoître l'auteur (*art.* 284).

Si l'écrit imprimé contient quelques provocations à des crimes ou délits, les crieurs, afficheurs, vendeurs et distributeurs seront punis comme complices des provocateurs, à moins qu'ils n'aient fait connoître ceux dont ils tiennent l'écrit.

En cas de révélation, ils n'encourront qu'un emprisonnement de six jours à trois mois ; et la peine de complicité ne restera applicable qu'à ceux qui n'auront point fait connoître les personnes dont ils auront reçu l'écrit imprimé, et à l'imprimeur, s'il est connu (*art.* 285). *Voyez* le Titre des Crimes.

Dans tous les cas ci-dessus, il y aura confiscation des exemplaires saisis (*art.* 286).

Toute exposition ou distribution de *chansons*, *pamphlets*, *figures* ou *images* contraires aux bonnes mœurs, sera punie d'une amende de 16 à 500 fr., d'un emprisonnement d'un mois à un an, et de la confiscation des exemplaires imprimés ou gravés de chansons, figures ou autres objets du délit (*art.* 287).

Les peines d'emprisonnement et d'amende, prononcées par l'article précédent, seront réduites à des peines de simple police, 1.º à l'égard des crieurs, vendeurs ou distributeurs qui auront fait connoître la personne qui leur a remis l'objet du délit ;

2.º A l'égard de quiconque aura fait connoître l'imprimeur ou le graveur ;

3.º A l'égard même de l'imprimeur ou du graveur qui auront fait connoître l'auteur ou la personne qui les aura chargés de l'impression ou de la gravure (*art.* 288).

Dans tous les cas exprimés ci-dessus et où l'auteur sera connu, il subira le *maximum* de la peine attachée à l'espèce de délit (*art.* 289).

Tout individu qui, sans y avoir été autorisé par la police, fera le métier de *crieur* ou *afficheur* d'écrits imprimés, dessins ou gravures, même munis des noms d'auteur, imprimeur, dessinateur ou graveur, sera puni d'un emprisonnement de six jours à deux mois (*art.* 290).

É D I T I O N S contrefaites. *Voyez* Contrefaçon.

EFFETS *publics.* Paris sur la hausse ou la baisse. *Voyez* Commerce.

EMPOISONNEMENT de bêtes de trait,

de bestiaux et autres animaux. *Voyez* Destructions.

EMPIÉTEMENT *des autorités*. Les juges qui, sur la revendication formellement faite par l'autorité administrative d'une affaire portée devant eux, auront néanmoins procédé au jugement avant la décision de l'autorité supérieure, seront punis chacun d'une amende de 16 à 150 fr.; ainsi que les officiers du *ministère* public qui auront fait des réquisitions ou donné des conclusions pour ledit jugement (*art.* 128).

La peine sera d'une amende de 16 à 500 fr. contre chacun des juges qui, après une réclamation légale des parties intéressées, ou de l'autorité administrative, auront, sans autorisation du Gouvernement, rendu des ordonnances ou décerné des mandats contre les agens ou préposés prévenus de crimes ou de délits commis dans l'exercice de leurs fonctions; ainsi qu'aux officiers du *ministère public* ou de *police* qui auront requis lesdites ordonnances ou mandats (*art.* 129)

Les *préfets, sous-préfets, maires* et autres administrateurs, qui entreprendront sur les fonctions judiciaires, en s'ingérant de connoître de droits et intérêts privés du ressort des tribunaux, et qui, après la réclamation des parties ou de l'une d'elles, auroient néanmoins décidé l'affaire avant que l'autorité supérieure ait prononcé, seront punis d'une amende de 16 à 150 fr. (*art.* 131).

ENCHÈRES. Ceux qui, dans les adjudications de la propriété, de l'usufruit ou de la location des choses mobilières, d'une entreprise, d'une fourniture, d'une exploitation ou d'un service quelconque, auront entravé ou troublé la liberté des enchères ou des soumissions, par voies de fait, violences ou menaces, soit avant, soit pendant les enchères ou soumissions, seront punis d'un emprisonnement de quinze jours à trois mois, et d'une amende de 100 fr. à 5,000 fr.

La même peine aura lieu contre ceux qui, par dons ou promesses, auront écarté les enchérisseurs (*art.* 412).

ENFANS *âgés de moins de seize ans* (les) ne doivent subir de peine correctionnelle qu'au dessous de celle qu'ils auroient subie s'ils avoient eu seize ans (*art.* 69).

ENFANT nouveau-né; déclaration. *Voy.* Etat civil. — trouvé; déclaration. *Voyez* id. — exposé et délaissé avant l'âge de sept ans.

Voyez id. — porté à un hospice, *Voyez* id. — en nourrice. *Voyez* Nourrices.

La *loi du 27 frimaire an 5, art. 1 et 5. B.* 97, veut que celui qui porte un enfant abandonné ailleurs qu'à l'hospice voisin, soit puni d'une détention d'un mois, ainsi que celui qui l'en a chargé.

Ce cas n'étant pas prévu par le Code Pénal, et l'article 484 de ce Code maintenant les lois antérieures sur toutes les matières qui n'ont pas été réglées par lui, on a cru devoir rappeler la disposition ci-dessus, sauf aux tribunaux à examiner si elle doit être considérée comme abrogée.

ENLÈVEMENT de jeune fille. *Voyez* Ravisseur.

ENLÈVEMENT de titres. *Voyez* Soustractions.

ENREGISTREMENT. Les amendes encourues pour contravention aux dispositions de la *loi du 22 frimaire an 7. B.* 248, sont prononcées au civil par le tribunal de première instance *(art.* 65).

ENTREPOT dans la ligne des douanes. *Voyez* Douanes.

EPÉES en bâtons. *Voy.* Armes prohibées.

EPIZOOTIE. Tout détenteur ou gardien d'animaux ou de bestiaux soupçonnés d'être infectés de maladie contagieuse, qui n'aura pas averti sur-le-champ le maire de la commune où ils se trouvent, et qui même, avant que le maire ait répondu à l'avertissement, ne les aura pas tenus renfermés, sera puni d'un emprisonnement de six jours à deux mois, et d'une amende de 16 à 200 francs (*art.* 460).

Seront punis d'un emprisonnement de deux à six mois et d'une amende de 100 fr. à 500 fr., ceux qui, au mépris des défenses de l'administration, auront laissé leurs animaux ou bestiaux infectés communiquer avec d'autres (*art.* 460).

Si de la communication mentionnée au précédent article, il en est résulté une contagion parmi les autres animaux, ceux qui auront contrevenu aux défenses de l'autorité administrative seront punis d'un emprisonnement de deux à cinq ans, et d'une amende de 100 fr. à 1,000 fr.; le tout sans préjudice de l'exécution des lois et réglemens relatifs aux maladies épizootiques et de l'application des peines y portées.

La maladie constatée, le maire veille à ce que les animaux qui en sont atteints soient séparés des autres, ne communiquent avec aucun animal de la commune, et n'aillent pas dans les pâturages ni abreuvoir communs, à peine de 100 fr. d'amende contre le propriétaire ou détenteur (*Arrêt du Conseil d'Etat du 19 juillet 1746, art. 2*).

Quiconque achète, sort ou fait sortir de la commune, pour vendre ou conduire dans une autre, une bête marquée *M* par le maire, ou reconnue malade, doit être condamné à 500 fr. d'amende.

Le fonctionnaire public, qui rencontre dehors une de ces bêtes, doit la conduire ou la faire conduire chez le juge de paix, et la faire tuer sur-le-champ en sa présence (*même arrêt, art. 5, 6 et 7*).

Le propriétaire et le boucher, qui ont vendu et acheté des bêtes saines en pays infecté, doivent être saisis de la permission par écrit du maire, à l'un de livrer, à l'autre de tuer les bêtes désignées, à peine de 200 fr. d'amende, payables solidairement (*même arrêt*).

Le propriétaire de voiture, qui refuse le transport des animaux morts, doit être condamné à 50 fr. d'amende.

Il est défendu d'enterrer ces animaux à moins de 100 mètres des habitations et de 2 mètres 6 décimètres de profondeur, à peine de 3oo fr. d'amende (*arrêt du Conseil d'État, du 16 juillet 1784*).

Les autres peines sont de simple police.

ESCROQUERIES. Quiconque, soit en faisant usage de faux noms ou de fausses qualités, soit en employant des manœuvres frauduleuses pour persuader l'existence de fausses entreprises, d'un pouvoir ou d'un crédit imaginaire, ou pour faire naître l'espérance ou la crainte d'un succès, d'un accident ou de tout autre événement chimérique, se sera fait remettre ou délivrer des fonds, des meubles ou des obligations, dispositions, billets, promesses, quittances ou décharges, et aura par ce moyen escroqué ou tenté d'escroquer la totalité ou partie de la fortune d'autrui, sera puni d'un emprisonnement d'un à cinq ans, et d'une amende de 5o fr. à 3,ooo fr.

Le coupable pourra être, en outre, interdit pendant cinq ans au moins et dix ans au plus des droits mentionnés en l'article 42 ; le tout sauf les peines plus graves, s'il y a crime de faux (*art.* 4o5). *Voyez* l'art. 42, au mot Calomnies, *Peine commune.*

ESSAYEURS. *Voyez* Ouvrages d'or ou d'argent.

ÉTANGS ; inondations. *Voyez* Moulins.

ETAT CIVIL.

ÉTAT CIVIL. Les officiers de l'état civil, qui auront inscrit leurs *actes* sur de simples *feuilles volantes*, seront punis d'un emprisonnement d'un à trois mois, et d'une amende de 16 à 200 fr. (*art.* 192).

Lorsque, pour la validité d'un mariage, la loi prescrit le consentement des pères, mères ou autres personnes, et que l'officier de l'état civil ne se sera point assuré de l'existence de ce consentement, il sera puni d'une amende de 16 à 300 fr., et d'un emprisonnement de six mois à un an (*art.* 193).

L'officier de l'état civil sera aussi puni de l'amende de 16 à 300 fr., lorsqu'il aura reçu, avant le terme prescrit par l'art. 228 du Code Napoléon, l'acte de mariage d'une femme ayant déjà été mariée (*art.* 194).

Les peines portées aux articles précédens contre les officiers de l'état civil leur seront appliquées, lors même que la nullité de leurs actes n'auroit pas été demandée, ou auroit été couverte ; le tout sans préjudice des peines plus fortes prononcées en cas de collusion, et sans préjudice aussi des autres dispositions pénales du Titre 3 du Livre I.er du Code Napoléon (*art.* 195).

Toute personne qui, ayant assisté à un

accouchement , n'aura pas fait sa déclaration à l'officier public de l'état civil et dans le délai de trois jours , conformément aux articles 55 et 56 du Code Napoléon , sera punie d'un emprisonnement de six jours à six mois, et d'une amende de 16 à 300 fr. (*art.* 346).

Sera punie des mêmes peines toute personne qui, ayant trouvé un enfant nouveau-né, ne l'aura pas remis à l'officier de l'état civil, ainsi qu'il est prescrit par l'article 58 du Code Napoléon ; ou qui , voulant se charger de l'enfant, n'en aura pas fait la déclaration à l'état civil (*art.* 347).

Ceux qui auront porté à un hospice un enfant au dessous de l'âge de sept ans accomplis , qui leur auroit été confié afin qu'ils en prissent soin , ou pour toute autre cause , seront punis d'un emprisonnement de six semaines à six mois , et d'une amende de 16 à 50 francs.

Toutefois , aucune peine ne sera prononcée , s'ils n'étoient pas tenus ou ne s'étoient pas obligés de pourvoir gratuitement à la nourriture et à l'entretien de l'enfant, et si personne n'y avoit pourvu (*art.* 348).

Ceux qui auront déposé ou délaissé dans un lieu solitaire un enfant au dessous de l'âge de sept ans accomplis ; ceux qui auront donné l'ordre de l'exposer ainsi , si cet ordre a été exécuté , seront, pour ce seul fait, condamnés à un emprisonnement de six mois à deux ans , et à une amende de 16 à 200 fr. (*art.* 349).

La peine sera de deux à cinq ans, et l'amende de 50 à 400 fr. contre les tuteurs ou tutrices , instituteurs ou institutrices de l'enfant exposé et délaissé par eux ou de leur ordre (*art.* 350).

Ceux qui auront exposé et délaissé en un lieu non solitaire un enfant au dessous de l'âge de sept ans accomplis , seront punis d'un emprisonnement de trois mois à un an , et d'une amende de 16 à 100 fr. (*art.* 352).

La peine sera d'un emprisonnement de six mois à deux ans , et d'une amende de 25 à 200 fr. contre les tuteurs ou tutrices , instituteurs ou institutrices de l'enfant exposé ainsi par eux ou de leur ordre (*art.* 353).

Il est défendu aux fonctionnaires publics d'avoir égard aux attestations des ministres des cultes , relativement à l'état civil des citoyens.

Les officiers publics ne peuvent non plus faire mention dans les actes de l'état civil des cérémonies religieuses , ni exiger la preuve qu'elles ont été observées, le tout à peine d'une amende de 100 à 500 francs , et d'emprisonne-ment pendant un mois au moins et deux ans au plus (*Loi du 7 vendémiaire an 4. B. 186; art. 20 et 21 , et Loi du 18 germinal an 10. B. 172 , art. 55*).

ÉVASIONS. Les gardiens ou les préposés à la conduite d'un prévenu de délits de police, ou de crimes simplement infamans , ou d'un prisonnier de guerre, qui l'ont laissé évader par négligence , seront punis d'un emprisonnement de six jours à deux mois , et par connivence , à un emprisonnement de six mois à deux ans.

Ceux qui , n'étant pas chargés de la garde ou de la conduite du prévenu, ont procuré ou facilité son évasion , seront punis de six jours à trois mois d'emprisonnement (*art.* 238).

Si les détenus évadés , ou l'un d'eux , étoient prévenus ou accusés d'un crime de nature à entraîner une peine afflictive à temps , ou condamnés pour l'un de ces crimes , la peine sera , contre les préposés à la garde ou conduite , en cas de négligence , un emprisonnement de deux à six mois , et en cas de connivence , la réclusion (*Cour d'assises*).

Tous autres qui auront procuré ou facilité l'évasion , seront punis d'un emprisonnement de trois mois à deux ans (*art.* 239). *Voy.* le N.° 246 du Titre I.er

Si les évadés, ou l'un d'eux, sont prévenus ou accusés de crimes de nature à entraîner la peine de mort ou des peines perpétuelles, ou s'ils sont condamnés à l'une de ces peines, leurs conducteurs ou gardiens seront punis d'un an à deux ans d'emprisonnement, en cas de négligence (et des travaux forcés à temps, en cas de connivence).

Tous autres qui auront procuré ou facilité l'évasion, seront punis d'un à cinq ans d'emprisonnement (*art.* 240). *Voyez* le N.° 246.

Si l'*évasion* a eu lieu, ou a été tentée avec violence ou bris de prison, les peines contre ceux qui l'auront favorisée en fournissant des instrumens propres à l'opérer, seront, au cas que l'évadé fût de la qualité exprimée en l'article 238, trois mois à deux ans d'emprisonnement ; au cas de l'art. 239, deux à cinq ans d'emprisonnement ; et au cas de l'art. 240, la réclusion (*art.* 241).

Les tiers qui ont corrompu les gardiens ou geoliers, ou ont été de connivence avec eux, doivent être punis des mêmes peines (*art.* 242). *Voyez* encore l'article 246.

Tous ceux qui auront connivé à l'évasion

d'un détenu , seront solidairement condamnés , à titre de dommages et intérêts, à tout ce que la partie civile du détenu auroit eu droit d'obtenir contre lui (*art.* 244).

A l'égard des détenus qui se seront évadés ou qui auront tenté de s'évader par bris de prison ou par violence , ils seront punis, pour ce seul fait , de six mois à un an d'emprisonnement , après l'expiration des autres peines qu'ils avoient encourues (*art.* 245).

. Quiconque sera condamné pour avoir favorisé une évasion ou des tentatives d'évasion , à un emprisonnement de plus de six mois, pourra en outre être mis sous la surveillance spéciale de la haute police pour un intervalle de cinq à dix ans (*art.* 246).

Les peines d'emprisonnement établies contre les gardiens ou conducteurs , en cas de négligence seulement , cesseront lorsque les évadés seront repris ou représentés , pourvu que ce soit dans les quatre mois de l'évasion , et qu'ils ne soient pas arrêtés pour d'autres crimes ou délits commis postérieurement (*art.* 247).

EXTENSION de pouvoir. *Voyez* Empiétement.

F.

FABRICANS. *Voyez* Ouvrages d'or et d'argent.

FABRIQUES (secrets de). *Voy*. Ouvriers.

FALSIFICATION *de liquides.* Les voituriers, bateliers ou leurs préposés qui auront altéré des vins, ou toute autre espèce de liquide ou de marchandises dont le transport leur avoit été confié, mais sans mélange de substances malfaisantes, seront punis d'un emprisonnement d'un mois à un an, et d'une amende de 16 à 100 fr. (*art.* 387). *Voyez* Boissons, Vinaigres. *Voyez* encore le Titre des Crimes, N.º 167.

FARINES; coalitions. *Voyez* Commerce.

FAUSSE MONNAIE. *Voyez* Marques sur métaux.

F A U X. Quiconque fabriquera un faux *passe-port,* ou falsifiera un passe - port originairement véritable, ou fera *sciemment* usage d'un passe-port fabriqué ou falsifié, sera puni d'un emprisonnement d'un à cinq ans (*art.* 153 *et* 163).

Quiconque prendra dans un passe-port un nom supposé, ou aura concouru *sciemment,* comme *témoin,* à faire délivrer le passe-port sous le nom supposé, sera puni d'un emprisonnement de trois mois à un an.

Les *logeurs* et *aubergistes* qui *sciemment* inscriront sur leurs registres, sous des noms faux ou supposés, les personnes logées chez eux, seront punis d'un emprisonnement de six jours à un mois (*art.* 154 *et* 163).

Les *officiers publics* qui délivreront un *passe-port* à une personne qu'ils ne connoîtront pas personnellement, sans avoir fait attester ses noms et qualités par deux citoyens à eux connus, seront punis d'un emprisonnement d'un mois à six mois (*art.* 155). *Voyez* Faux criminel, N.° 85.

Quiconque fabriquera une fausse *feuille de route,* ou falsifiera une feuille de route originairement véritable, ou fera usage d'une feuille de route fabriquée ou falsifiée, sera puni d'un emprisonnement d'un an à cinq, si la feuille de route n'a eu pour objet que de tromper la surveillance de l'autorité publique (*art.* 156).

La même peine sera appliquée, dans le même cas, à celui qui se sera fait délivrer une feuille de route sous un nom supposé (*art.* 157). *Voyez* Faux criminel, N.°' 86, 87 et 88.

Toute personne qui, pour se rédimer elle-même ou en affranchir une autre d'un service public quelconque, fabriquera sous le nom d'un médecin, chirurgien ou autre officier de santé, un *certificat* de maladie ou d'infirmité, sera punie d'un emprisonnement de deux à cinq ans (*art.* 150).

Tout médecin, chirurgien ou autre officier de santé qui, pour favoriser quelqu'un, *certifiera* faussement des maladies ou infirmités propres à dispenser d'un service public, sera puni d'un emprisonnement de deux à cinq ans (*art.* 160). *Voyez* encore Faux criminel, N.ᵒˢ 89 *et* 90.

Quiconque fabriquera, sous le nom d'un fonctionnaire ou officier public, un *certificat* de bonne conduite, indigence ou autres circonstances propres à appeler la bienveillance du Gouvernement ou des particuliers sur la personne y désignée, et à lui procurer places, crédit ou secours, sera puni d'un emprisonnement de six mois à deux ans ; ainsi que celui qui falsifiera un certificat de cette espèce, originairement véritable, pour l'approprier à une autre personne, ou qui se sera *sciemment* servi du certificat ainsi fabriqué ou falsifié (*art.* 161 *et* 163). *Voyez* encore Faux criminel, N.ᵒ 91.

FAUX POIDS et Fausse Mesure. *Voyez* Commerce.

FEUILLES de routes. *Voyez* Faux.

FEUILLES périodiques. *Voyez* Ecrits, Journaux.

FEUX dans les champs ou dans les bois. *Voyez* Incendies , Délits forestiers.

FIGURES dessinées ou gravées. *Voyez* Ecrits.

FONCTIONNAIRES *publics.* Ceux qui seront entrés en fonctions sans avoir prêté le *serment* prescrit, *pourront* être poursuivis et punis d'une amende de 16 à 50 fr. (*art.* 196).

Tout fonctionnaire public *révoqué, destitué, suspendu* ou *interdit* légalement , qui , après en avoir eu la connoissance officielle, aura continué l'exercice de ses fonctions , ou qui , étant électif ou temporaire , les aura exercées après avoir été remplacé , sera puni d'un emprisonnement de six mois à deux ans , et d'une amende de 100 à 500 fr. Il sera interdit de l'exercice de toute fonction publique pour cinq ans au moins et dix ans au plus , à compter du jour où il aura subi sa peine ; le tout sans préjudice des plus fortes peines portées contre les officiers ou commandans militaires par l'article 93 (*art.* 197). *Voyez* encore le Titre des Crimes, N.ºs 16 et 17.

Hors les cas où la loi règle spécialement les peines encourues par les fonctionnaires ou officiers publics, ceux d'entre eux qui auront participé à un délit de police correctionnelle, subiront toujours le *maximum* de la peine attachée à l'espèce de délit (*art.* 198).

FONCTIONNAIRES intéressés dans les affaires. *Voyez* Intérêts.

FONCTIONNAIRES. *Voyez* Coalition contraire aux lois.

FONCTIONNAIRES. *Voyez* Outrages.

FONCTIONS *publiques.* Quiconque, sans titre, se sera immiscé dans des fonctions publiques, civiles, ou militaires, ou aura fait les actes d'une de ces fonctions, sera puni d'un emprisonnement de deux à cinq ans, sans préjudice de la peine de faux, si l'acte porte le caractère de ce crime (*art.* 258).

FORCE publique requise ; désobéissance. *Voyez* Commandant.

FORÊTS. *Voyez* Délits forestiers.

FORGES. *Voyez* Incendies, Mines.

FOSSÉS comblés. *Voyez* Destructions.

FOURNEAUX. *Voyez* Mines.

FOURNISSEURS. Tous individus chargés, comme membres de compagnies, ou individuellement, de fournitures, d'entreprises ou régies pour le compte des armées de
terre et de mer, qui, par négligence, quoique
le service n'ait pas manqué, ont retardé les
livraisons et les travaux, ou ont laissé commettre de la fraude sur la nature, la qualité
ou quantité des travaux ou main-d'œuvre, ou
des choses fournies, les coupables seront punis d'un emprisonnement de six mois à cinq
ans, et d'une amende de 100 fr. au moins jusqu'au quart des dommages et intérêts.

La poursuite de ces délits ne peut être faite
que sur la dénonciation du Gouvernement
(*art.* 433).

FOURRAGES coupés. *Voyez* Destructions.

FOURS. *Voyez* Incendies. — Délits forestiers.

FUSILS à vent. *Voyez* Armes prohibées.

G

GAGES de domestiques. *Voyez* Ouvriers.

GALONS. *Voyez* Ouvrages d'or et
d'argent.

(205)

GARDES champêtres ou forestiers (délits des). *Voyez* Officiers de police.

G A R D E S malades indiscrètes. *Voyez* Calomnies.

GAZETTES ; timbre. *Voyez* Journaux.

GLACE des étangs et autres réservoirs rompue à dessein. *Voyez* Vol.

GRAINS. La défense d'exporter des grains ou farines (faite par la loi du 11 septembre 1793) est maintenue.

Tout transport surpris de nuit , ou sans passavant , dans la distance de cinq kilomètres en deçà des frontières de terre , et de 25 hectomètres des côtes maritimes , sera confisqué avec les voitures, bêtes de somme , bateaux ou navires servant au transport , et les conducteurs ou propriétaires seront condamnés par le tribunal de police correctionnelle à une amende de 10 fr. par cinq myriagrammes (un quintal) de grains , et de 12 fr. par cinq myriagrammes de farines (*Loi du 26 ventose an* 5. *B.* 113).

Tout entrepôt de grains et farines dans les cinq kilomètres (une lieue) des frontières de terre, est prohibé.

Les grains et farines, embarqués sur le

Rhin , doivent être mis en sacs , lesquels sont plombés dans le bureau des douanes du lieu de l'embarquement, à peine de confiscation et d'amende, comme s'agissant d'une exportation non autorisée (*Arrêté du 17 prairial an 7. B.* 285).

Est prohibée , sous les mêmes peines , la circulation des grains et farines , pendant la nuit ou sans passávant , dans la distance de cinq kilomètres des rives de la *Meuse ,* de l'*Escaut ,* du *Hond* et des bras de ce fleuve , connus sous les dénominations de *Hellegat, Hondtgat , Brakman,* ou canal de *Philippine , Saffingat ,* ou sur lesdits fleuves et leurs bras ; et de la rive gauche du Rhin , depuis Anvers jusques et compris Versoix (*Arrêté du 28 germinal an 8. B.* 21).

GRAINS. *Circulation intérieure.* Tout administrateur municipal, ou autres fonctionnaires publics , civils ou militaires, qui ne fait pas tout ce qui est en son pouvoir pour empêcher qu'il ne soit porté atteinte à la libre circulation des grains dans l'intérieur , doit être condamné , outre la restitution , à une amende de la moitié de la valeur des grains arrêtés , pour le paiement de laquelle il doit donner caution , et à défaut , il doit être coudamné à six mois d'emprisonnement (*Loi du* 21 *prairial an* 5. *B.* 128).

GRAINS ; commerce par les fonctionnaires. *Voyez* Intérêts dans les affaires.

GRAINS ; coalitions y relatives. *Voyez* Commerce.

GRAINS coupés. *Voyez* Destructions.

G R A V E U R S. *Voyez* Marques sur métaux.

GRAVURES contrefaites. *Voyez* Contre-façon.

GRAVURES. *Voyez* Ecrits.

GREFFES détruites. *Voyez* Destructions.

H

HAIES arrachées ou coupées. *Voyez* Destructions.

I

IMAGES dessinées ou gravées. *Voyez* Ecrits.

IMPRIMÉS. *Voyez* Ecrits.

INCENDIES *accidentels*. L'incendie des propriétés mobilières ou immobilières d'autrui, qui aura été causé par la vétusté, ou le défaut, soit de réparation, soit de nettoyage des *fours, cheminées, forges, maisons* ou *usines* prochaines, ou par des *feux* allumés dans les champs à moins de 100 mètres des maisons, édifices, forêts, bruyères, bois, vergers, plantations, haies, meules, tas de grains, pailles, foins, fourrages, ou de tout autre dépôt de matières combustibles, ou par des feux ou lumières portés ou laissés sans précaution suffisante, ou par des pièces d'artifice allumées ou tirées par négligence ou imprudence, sera puni d'une amende de 50 à 500 fr. (*art.* 458).

INHUMATIONS. *Voyez* Décès.

INJURES publiques. *Voyez* Calomnies.

INONDATIONS. *Voyez* Moulins.

INSTRUMENS d'agriculture. *Voyez* Destructions.

INTÉRÈT *dans les affaires.* Tout fonctionnaire, tout officier public, tout agent du Gouvernement, qui, soit ouvertement, soit par actes simulés, soit par interposition de personnes, aura pris ou aura reçu quelque intérêt que ce soit dans les actes, adjudications, entreprises ou régies dont il a ou avoit, au temps de l'acte, en tout ou en partie, l'administration

ministration ou la surveillance , ou dans une affaire dont il étoit chargé d'ordonnancer le paiement ou de faire la liquidation, sera puni d'un emprisonnement de six mois à deux ans, et condamné à une amende du douzième au quart des restitutions et indemnités.

Il sera de plus déclaré à jamais incapable d'exercer aucune fonction publique (*art.* 175).

Tout *commandant* de division militaire , de département , de place ou de ville ; tout *préfet* ou *sous-préfet ,* qui a , dans l'étendue des lieux où il a droit d'exercer son autorité , fait ouvertement , ou par des actes simulés , ou par interposition de personnes , le *commerce des grains , grenailles, farines,* substances farineuses , *vins* ou *boissons ,* autres que ceux provenant de ses propriétés , sera puni d'une amende de 500 fr. à 10,000 fr. et de la confiscation des denrées appartenant à ce commerce (*art.* 176).

J

JETONS. *Voyez* Médailles.

JEUX *de hasard.* Ceux qui auront tenu une maison de jeux de hasard , et y auront admis le public , soit librement , soit sur la présentation des intéressés ou affiliés ; les banquiers de cette maison, tous ceux qui auront établi ou tenu des *loteries* non autorisées par la loi ; tous administrateurs, préposés ou agens de ces établissemens, seront punis d'un emprisonnement de deux à six mois, et d'une amende de 100 fr. à 6,000 fr.

Les coupables pourront être de plus, à compter du jour où ils auront subi leur peine, interdits pendant 5 ans jusqu'à dix des droits mentionnés en l'article 42 (*Voyez* cet article au mot Calomnies, *Peine commune*).

Dans tous les cas, seront confisqués tous les fonds ou effets qui seront trouvés exposés au jeu ou mis à la loterie, les meubles, instrumens, ustensiles, appareils employés ou déstinés au service des jeux ou des loteries, les meubles et les effets mobiliers dont les lieux seront garnis ou décorés (*art.* 410).

JOUAILLIERS. *Voyez* Ouvrages d'or et d'argent.

JOURNAUX. *Voyez* Ecrits.

JOURNAUX (les) gazettes, feuilles périodiques ou papiers-nouvelles, les feuilles de papiers-musique, toutes les affiches des particuliers, quel que soit leur nature, ou leur objet, sont assujettis au timbre fixe ou de dimension, à peine d'une amende de 100 fr. pour chaque contravention, et les objets soustraits au droit sont lacérés.

Les auteurs, afficheurs, distributeurs ou imprimeurs desdits journaux et affiches, sont solidairement tenus de l'amende, sauf leur recours les uns contre les autres (*Loi du 9 vendémiaire an 6. B. 148, art. 56, 60 et 61*).

Sont exceptés les ouvrages périodiques, relatifs aux sciences et aux arts, ne paroissant qu'une fois par mois et contenant au moins deux feuilles d'impression (*art. 57*).

JUGES; extension de pouvoir. *Voyez* Empiétement.

JURÉS. Les jurés et les *témoins*, qui auront allegué une excuse reconnue fausse, seront condamnés, outre les amendes prononcées pour la non comparution, a un emprisonnement de six jours à deux mois (*art. 235*).

L'amende contre les jurés est de 500 fr. pour la première fois; de 1,000 fr. pour la seconde et de 1,500 fr. pour la troisième fois, et de plus, cette dernière fois, ils sont déclarés incapables d'exercer à l'avenir les fonctions de juré (*art. 398 du Code d'Instruction criminelle*).

L

LAMINOIRS. *Voyez* Marques sur métaux.

LETTRES. *Voyez* Port de lettres.

LIVRES contrefaits. *Voyez* contrefaçon.

LOGEURS. *Voyez* Faux.

L O I S. Il est défendu à toutes personnes d'imprimer et débiter les Sénatus-Consultes, Codes, Lois et Réglemens d'administration publique avant leur insertion et publication, par la voie du Bulletin, au chef-lieu de département, à peine de saisie des éditions et de confiscation prononcée par le tribunal de police correctionnelle (*Décret Imp. du 6 juillet* 1810. *B.* 3o1).

LOTERIES clandestines. *Voyez* Jeux prohibés.

LUMIÈRE. *Voyez* Incendies.

M

MAGASINS dans la ligne des douanes. *Voyez* Douanes.

M A I S O N S de prêt sur gages. Ceux qui auront établi ou tenu des maisons de prêt sur gages ou nantissement, sans autorisation légale, ou qui ayant une autorisation, n'auront pas tenu un registre conforme aux réglemens, contenant de suite sans aucun blanc ni interligne, les sommes ou les objets prêtés, les noms, domicile et professions des emprunteurs, la nature, la qualité, la valeur des objets mis en nantissement, seront punis d'un emprisonnement de quinze jours au moins, de trois mois au plus, et d'une amende de 100 fr. à 2,000 fr. (*art.* 411).

MAIRES. Extension de pouvoir. *Voyez* Empiétement.

MANUFACTURES. Coalitions des manufacturiers contre les ouvriers, des ouvriers contre les manufacturiers. *Voyez* Commerce.

MANUFACTURIERS. Coalition contre les ouvriers. *Voyez* Commerce.

MARCHANDISES. Coalitions y relatives. *Voyez* Commerce.

MARCHANDISES gâtées. *Voyez* Destructions.

MARCHANDISES anglaises et chevaux. *Voyez* Commerce.

MARINS. *Voyez* Déserteurs.

MARCHANDS de galons, de doublé. *Voyez* Ouvrages d'or et d'argent.

MARCHANDS de poudre. *Voyez* Poudres et salpêtres.

MARCHANDS de vins et autres boissons. *Voyez* Boissons falsifiées.

MARQUES *sur métaux*. Il est défendu à tous ceux qui ont obtenu la permission d'avoir chez eux des *presses*, *moutons*, *laminoirs*, *balanciers* et *coupoirs*, de les employer à fabriquer des médailles, des jetons, ou des espèces d'or, d'argent, de billion ou de cuivre, soit au coin de l'Etat, soit à celui d'aucun prince étranger, à peine d'être punis comme faux monnoyeurs.

Il doit en être usé de même à l'égard de ceux chez lesquels se trouvent quelques *carrés*, *poinçons*, ou autres instrumens propres à la fabrication desdites monnoies, médailles et jetons.

Les graveurs, serruriers ou autres qui fabriqueront aucune desdites machines pour tout individu qui ne jutifieroit pas de la permission du Gouvernement, seront punis d'une amende de 1,000 fr. et de la confiscation des ouvrages pour la première fois, et à de plus grandes peines en cas de récidive (*Lettres patentes du 28 juillet* 1783, *et arrêté du 3 germinal an* 9. *B.* 77). *Voyez* Médailles.

MATIÈRES d'or ou d'argent ; faux titre. *Voyez* Commerce.

MÉDAILLES. Tout dessinateur, graveur, ou autre individu, peut dessiner ou graver, faire dessiner ou graver des médailles, jetons ou pièces de plaisir d'or et d'argent et d'autres métaux, mais il leur est défendu de les faire frapper ailleurs que dans l'atelier national destiné à cette opération, à peine de 1,000 francs d'amende, et de 2,000 fr. en cas de récidive (*Arrêt du Conseil d'Etat du 15 janvier* 1685, *et arrêté du 5 germinal an* 12. B. 357). *Voyez* Marques sur métaux.

MÉDECINS. Tout individu qui exerce la médecine ou la chirurgie, ou pratique l'art des accouchemens, sans avoir de diplôme, de certificat ou de lettre de réception, conformément à ce que prescrit la loi du 19 ventose an 11, pourra être condamné, savoir, celui qui exercera la médecine jusqu'à 1,000 fr. d'amende;

Celui qui se sera qualifié officier de santé (ou chirurgien) jusqu'à 500 fr. d'amende;

Et à 100 fr. pour les femmes qui pratiqueroient illicitement l'art des accouchemens.

L'amende sera double en cas de récidive, et les délinquans pourront être, en outre, con-

damnés à un emprisonnement qui n'excédera
pas six mois (*articles* 35 et 36 *de la loi du* 19
ventose an 11. *B.* 256).

MÉDECINS. Faux certificats. *Voyez* Faux.

MÉDECINS indiscrets. *Voyez* Calomnies.

MENACES. Quiconque aura menacé, par
écrit anonyme ou signé, d'assassinat, d'empoisonnement ou de tout autre attentat contre
les personnes , qui seroit punissable de la
peine de mort, des travaux forcés à perpétuité ou de la déportation, sera puni, si la
menace n'a été accompagnée d'aucun ordre
ou condition, d'un emprisonnement de deux
à cinq ans, et d'une amende de 100 fr. à 600 fr.
(*art.* 306).

Si la menace faite avec ordre ou condition
a été verbale, le coupable sera puni d'un emprisonnement de six mois à deux ans, et d'une
amende de 25 fr. à 300 fr. (*art.* 307).

Dans les cas prévus par les deux précédens
articles, le coupable pourra de plus être mis ,
par l'arrêt ou jugement , sous la surveillance de la haute police pour cinq ans au
moins et dix au plus (*art.* 308). *Voyez* encore
le Titre des Crimes , N.º 119 bis.

MENDICITÉ. Toute personne qui aura été

trouvée mendiant dans un lieu pour lequel il existera un établissement public organisé afin d'obvier à la mendicité , sera punie de trois à six mois d'emprisonnement, et sera, après l'expiration de sa peine, conduite au dépôt de mendicité (*art.* 274).

Dans les lieux où il n'existe point encore de tels établissemens , les mendians d'habitude , valides, seront punis de trois mois d'emprisonnement.

S'ils ont été arrêtés hors du canton de leur résidence , ils seront punis d'un emprisonnement de 6 mois à deux ans (*art.* 275).

Tous mendians, même invalides , qui auront usé de menaces , ou seront entrés sans permission du propriétaire ou des personnes de sa maison , soit dans une habitation , soit dans un enclos en dépendant,

Ou qui feindront des plaies ou infirmités ,

Ou qui mendieront en réunion , à moins que ce ne soient le mari et la femme, le père ou la mère et leurs jeunes enfans , l'aveugle et son conducteur ,

Seront punis d'un emprisonnement de six mois à deux ans (*art.* 276).

Tout mendiant qui aura été saisi travesti d'une manière quelconque ,

Ou porteur d'armes, bien qu'il n'en ait usé ou menacé,

Ou muni de limes, crochets, ou autres instrumens propres, soit à commettre des vols ou autres délits, soit à lui procurer les moyens de pénétrer dans les maisons,

Sera puni de deux à cinq ans d'emprisonnement (*art.* 277).

Tout mendiant qui sera trouvé porteur d'un ou de plusieurs effets d'une valeur supérieure à 100 fr. et qui ne justifiera point d'où ils proviennent, sera puni d'un emprisonnement de six mois à deux ans (*art.* 278). *Voy.* encore le Titre des Crimes, N.° 154.

Les peines établies par le présent Code contre les individus porteurs de faux certificats, faux passe-ports, ou fausses feuilles de route, seront toujours, dans leur espèce, portées au *maximum,* quand elles seront appliquées à des mendians (*art.* 281).

Les mendians qui auront subi les peines portées par les articles précédens, demeureront à la fin de ces peines à la disposition du Gouvernement (*art.* 282).

MESURE fausse. *Voyez* Commerce.

MÉTIERS ; communautés. *Voy.* Ouvriers.

MINES. Les mines ne peuvent être exploitées qu'en vertu d'une concession du Gouvernement (*Loi du* 21 *avril* 1810. *B.* 285 , *art.* 5).

Les anciens exploitans doivent demander cette concession (*art.* 53).

Les *fourneaux* à fondre les minerais de fer et autres substances métalliques , les *forges* et *martinets* pour ouvrer le fer et le cuivre , les *usines* servant de patouillet et bocards , celles pour le traitement des substances salines et pyriteuses , ne peuvent être établis qu'en vertu d'une autorisation du Gouvernement (*art.* 73).

Les contraventions des propriétaires de mines exploitans, non encore concessionnaires, ou autres personnes , aux lois et réglemens , seront punis d'une amende de 100 fr. à 500 fr. (*art.* 93 *et* 96).

MINISTRES *des Cultes.* Tout ministre d'un culte qui procédera aux cérémonies religieuses d'un mariage , sans qu'il lui ait été justifié d'un acte de mariage préalablement reçu par l'officier de l'Etat civil , sera , pour la première fois , puni d'une amende de 16 fr. à 100 francs.

Pour la première récidive , d'un emprisonnement de deux à cinq ans ;

Et pour la seconde, de la déportation (par la cour d'assises) (*art.* 199 *et* 200).

Ceux qui prononceront, dans l'exercice de leur ministère et en assemblée publique, un discours contenant la critique ou la censure du Gouvernement, d'une loi, d'un décret impérial, ou de tout autre acte de l'autorité publique, seront punis d'un emprisonnement de trois mois à deux ans (*art.* 201).

Si le discours contient une provocation directe à la désobéissance aux lois ou autres actes de l'autorité publique, ou s'il tend à soulever ou armer une partie des citoyens contre les autres, le ministre du culte qui l'aura prononcé sera puni d'un emprisonnement de deux à cinq ans, si la provocation n'a été suivie d'aucun effet (*art.* 202).

Dans le cas contraire, du bannissement (Cour d'assises).

Voyez encore le Titre des Crimes, N.º 129.

Tout ministre d'un culte, qui aura, sur des questions ou matières religieuses, entretenu une correspondance avec une cour ou puissance étrangère, sans en avoir préalablement informé le ministre de l'Empereur, et sans avoir obtenu son autorisation, sera, pour ce seul fait, puni d'une amende de 100 à 5oo fr. et d'un emprisonnement d'un mois à deux ans (*art.* 207). *Voyez* encore le Titre des Crimes , N.ᵒˢ 13o et 131.

Costumes. Les costumes ecclésiastiques, religieux ou des congrégations séculières, sont abolis et prohibés pour l'un et pour l'autre sexe : (à l'exception de ceux des ministres des cultes dans l'arrondissement où ils exercent leurs fonctions, et des congrégations vouées à l'enseignement des pauvres et des malades (*arrêté du* 19 *nivose an* 12 , *et autres décrets*).

Les contraventions seront punies par voie de police correctionnelle , la première fois de l'amende ; en cas de récidive , comme délit contre la sûreté générale (*Loi du* 18 *août* 1792).

MOEURS. *Voyez* Outrages à la pudeur.

MONNAIES. Ceux qui auront eu connoissance d'une fabrique ou d'un dépôt de monnaies d'or , d'argent , de billon ou cuivre ayant cour légal en France, contrefaites ou altérées, et qui n'auront pas, dans les 24 heures , révélé ce qu'ils savent aux autorités administratives ou de police judiciaire , seront , pour le seul fait de non révélation , et lors même qu'ils seroient reconnus exempts de toute complicité, punis d'un emprisonnement d'un mois à deux ans (*art.* 136).

Sont exceptés les ascendans, époux même divorcés, et les frères et sœurs des coupables, ou les alliés de ceux-ci aux mêmes degrés (*art.* 137). *Voyez* encore le Titre des Crimes, N.os 69, 70 et 71.

MONTS *de piété*. Ceux qui tiennent maison de prêt sur nantissement, sans autorisation, doivent être punis correctionnellement d'une amende, payable par corps, de 500 fr. à 3,000 fr., et de la confiscation des objets donnés en nantissement, laquelle amende sera double en cas de récidive (*Loi du* 16 *pluviose an* 12. *B.* 340).

MONUMENS dégradés. *Voyez* Dégradations.

MOULINS. Seront punis d'une amende de 50 fr. jusqu'au quart des restitutions et des dommages et intérêts, les propriétaires ou fermiers, ou toute personne jouissant de *moulins, usines* ou *étangs,* qui, par l'élévation du déversoir de leurs eaux au dessus de la hauteur déterminée par l'autorité compétente, auront inondé les chemins ou les propriétés d'autrui.

S'il est résulté du fait quelques dégradations, la peine sera, outre l'amende, un emprisonnement de six mois à un an (*art.* 457).

MOUTONS empoisonnés ou tués. *Voyez*
Destructions.

MOUTONS pour métaux. *Voyez* Marques
sur métaux.

MULETS empoisonnés ou tués. *Voyez*
Destructions.

N

NAVIGATION intérieure. *Voyez* Commerce, Ouvriers, Bacs.

NOMS *et prénoms*. Aucun citoyen ne
peut porter de noms, ni prénoms, autres que
ceux exprimés dans son acte de naissance.

Il est également défendu d'ajouter aucun
surnom à son nom propre, à moins qu'il n'ait
servi jusqu'ici à distinguer les membres d'une
même famille, sans rappeler des qualités féo-
dales ou nobiliaires ;

Le tout à peine dé six mois d'emprisonnement et d'une amende égale au quart de leurs
revenus; et dans le cas de récidive, de dégradation civique.

Il est expressément défendu aux fonctionnaires publics de désigner dans leurs actes les citoyens autrement qu'il est prescrit ci-dessus, ni d'en exprimer d'autres dans les expéditions et extraits qu'ils délivrent, à peine de destitution, d'être déclarés incapables d'exercer aucune fonction civique, et condamnés à une amende égale au quart de leurs revenus (*Loi du 6 fructidor an 2*).

Ces dispositions ne sont pas applicables aux nouveaux noms et qualifications concédés ou autorisés par l'Empereur.

NOTAIRES. Les amendes, suspensions de fonctions et destitutions dont les notaires se rendent passibles, sont prononcées par le tribunal de première instance (*Loi du* 28 *ventose an* 11, *art.* 53. *B.* 258).

NOURRICES. Il est défendu aux nourrices d'avoir deux nourrissons, à peine du fouet (*) et de 50 fr. d'amende contre leurs maris, et d'être privés du salaire pour l'un et l'autre.

(*) Cette peine n'existe plus dans le Code.

Les nourrices sont tenues, sous les mêmes peines, d'avertir les père et mère de l'enfant des empêchemens qui ne leur permettent plus d'en continuer la nourriture ; et notamment en cas de grossesse, d'en donner avis au moins dans le deuxième mois.

Il leur est également défendu de renvoyer leurs nourrissons, sans ordre exprès des pères et mères, même pour défaut de paiement ; sauf à elles, dans ce cas, à obtenir du juge de paix une condamnation , même par corps , contre les débiteurs (*Déclaration du 29 janvier 1715*).

Il est défendu à toutes personnes de retirer ou loger des nourrices , et de s'entremettre pour leur faire avoir des nourrissons, sans la permission d'une recommanderesse , à peine de 50 fr. d'amende (*Déclaration du 1.er mars 1727*).

Les nourrices qui laissent mourir leurs nourrissons par leur faute , doivent être punies conformément aux lois relatives au meurtre (*même déclaration*).

O

OCTROIS. Tout porteur ou conducteur d'objets de consommation compris au tarif de l'octroi , est tenu de faire sa déclaration au bureau de recette le plus voisin, et d'en acquitter les droits avant de les faire entrer dans la commune , sous peine d'une amende égale à la valeur de l'objet soumis au droit d'octroi (*Loi du 27 frimaire an 8. B.* 338).

La même amende sera encourue par les fabricans et autres débiteurs des droits d'octroi perceptibles dans l'intérieur de la commune, faute par eux d'avoir fait leur déclaration dans les délais ou à l'époque déterminée par les réglemens (*art.* 11).

Les citoyens entrant dans les communes où il est établi un droit d'octroi, soit à pied, soit à cheval, ou en voiture de voyage, ne peuvent être arrêtés, questionnés ni visités sur leurs personnes, ni à raison des malles qui les accompagnent, à peine de 50 francs d'amende et de six mois de détention (*art.* 12).

Toute personne qui s'oppose à l'exercice des fonctions des préposés, doit être condamnée à une amende de 50 fr. En cas de voies de fait, elle doit être punie comme s'étant opposée avec violence à l'exercice des fonctions publiques (*art.* 15).

Tout préposé qui favorise la fraude, soit en recevant des présens, soit autrement, doit être condamné aux peines portées contre les fonctionnaires prévaricateurs (*art.* 16).

OFFICIERS de santé exerçant illégalement. *Voyez* Médecins.

OFFICIERS *de police.* Tous gardes champêtres ou forestiers, ou officiers de police, qui se sont opposés à la confection de travaux autorisés par le Gouvernement (*art.* 438), ou ont détruit des registres, actes ou pièces n'appartenant pas à l'autorité publique (*art.* 439), ou ont gâté des marchandises (*art.* 443), ou ont dévasté des récoltes sur pied, des plantes, ou abattu, mutilé ou écorcé des arbres, ou détruit des greffes, ou coupé des grains ou fourrages, rompu ou détruit des instrumens d'agriculture, des parcs de bestiaux, des cabanes de gardiens, ou empoisonné ou tué des animaux de trait ou autres, ou tué des animaux domestiques, ou comblé des fossés, détruit des clôtures, déplacé ou supprimé des bornes ou pieds corniers, ou incendié des propriétés par des feux ou autres moyens accidentels prévus par la loi, ou négligé d'avertir le maire d'une maladie de bestiaux présumée contagieuse (*art.* 443 et suivans), seront punis d'un emprisonnement d'un mois au moins, et d'un tiers au plus en sus de la peine la plus forte qui seroit appliquée à un autre coupable du même délit (*art.* 462).

OFFICIERS publics; passe-ports. *Voyez* Faux.

OFFICIERS ministériels. *Voyez* Outrages, N.° 136 du Titre des Crimes.

OR. Faux titre. *Voyez* Commerce.

ORFÉVRES. *Voyez* Ouvrages d'or et d'argent.

OUTRAGES. Lorsqu'un ou plusieurs *magistrats* de l'ordre administratif ou judiciaire auront reçu dans l'exercice de leurs fonctions, *ou à l'occasion de cet exercice*, quelque outrage par *paroles*, tendant à inculper leur honneur ou leur délicatesse, celui qui les aura ainsi outragés sera puni d'un emprisonnement d'un mois à un an.

Si l'outrage a eu lieu à l'audience d'une cour ou d'un tribunal, l'emprisonnement sera de deux à cinq ans (*art.* 222). *Voyez* encore le N.° 135 du Titre des Crimes.

L'outrage fait par *gestes* ou *menaces* sera puni d'un mois à six mois d'emprisonnement, et s'il a eu lieu à l'audience, il sera puni d'un emprisonnement d'un mois à deux ans (*art.* 223). *Voyez* encore l'art. 226 qui suit.

L'outrage fait par paroles, gestes ou menaces à tout *officier ministériel* ou *agent* dépositaire de la force publique, dans l'exercice ou à l'occasion de l'exercice de ses fonctions, sera puni d'une amende de 16 à 200 fr. (*art.* 224). *Voyez* encore le N.° 136.

(229)

La peine sera de six jours à un mois d'emprisonnement, si l'outrage mentionné en l'article précédent a été dirigé contre un *commandant* de la force publique (*art.* 225).

Dans les cas des articles 222, 223 et 225, l'offensé pourra être , outre l'emprisonnement , condamné à faire réparation', soit à la première audience, soit par écrit ; et le temps de l'emprisonnement prononcé contre lui ne sera compté qu'à dater du jour où la réparation aura eu lieu (*art.* 226).

Il peut également y être condamné dans le cas de l'article 224, et, s'il retarde, y être contraint par corps (*art.* 227).

Tout individu qui, même sans armes, et sans qu'il en soit résulté de blessures , aura frappé un *magistrat* dans l'exercice , ou à l'occasion de l'exercice de ses fonctions, *mais hors de l'audience* d'une cour ou d'un tribunal , sera puni d'un emprisonnement de deux à cinq ans (*art.* 228).

Le coupable peut, de plus, être condamné à s'éloigner pendant cinq ou dix ans du lieu où siége le magistrat , et d'un rayon de deux myriamètres (*art.* 229).

Les violences de l'espèce exprimée en l'article 228 , dirigées contre un *officier minis-*

tériel, un *agent* de la force publique , ou un *citoyen* chargé d'un ministère de service public , seront , dans les mêmes circonstances , punies d'un emprisonnement d'un à six mois (*art.* 230). *Voyez* encore le Titre des Crimes, N.ᵒˢ 135 , 136 et 137.

OUTRAGES *à la pudeur.* Toute personne qui aura commis un outrage public à la pudeur , sera punie d'un emprisonnement de trois mois à un an , et d'une amende de 16 à 200 fr. (*art.* 330). *Voyez* le Titre des Crimes , Viol , N.ᵒˢ 155 et 156.

Quiconque aura attenté aux mœurs , en excitant , favorisant ou facilitant habituellement la débauche ou la corruption de la jeunesse de l'un ou de l'autre sexe au dessous de l'âge de vingt-un ans , sera puni d'un emprisonnement de six mois à deux ans , et d'une amende de 50 à 500 fr.

Si la corruption ou la prostitution a été excitée, favorisée ou facilitée par leurs pères, mères, tuteurs ou autres personnes chargées de leur surveillance , la peine sera de deux à cinq ans d'emprisonnement , et de 300 à 1,000 fr. d'amende (*art.* 334).

Les coupables du délit mentionné au précédent article seront interdits de toute tutelle et curatelle et de toute participation aux conseils de famille, savoir : les premiers pendant deux ans au moins et cinq ans au plus ; et ceux dont il est parlé au second paragraphe, pendant dix ans au moins et vingt ans au plus.

Si le délit a été commis par le père ou la mère, le coupable sera de plus privé des droits et avantages à lui accordés sur la personne et les biens de l'enfant par le Code Napoléon, Titre *de la Puissance paternelle*.

Dans tous les cas, les coupables pourront, de plus, être mis par l'arrêt ou le jugement sous la surveillance de la haute police, en observant pour la durée de la surveillance ce qui vient d'être établi pour la durée de l'interdiction des droits civils (*art.* 335).

L'*adultère* de la femme ne pourra être dénoncé que par le mari : cette faculté même cessera, s'il est dans le cas prévu par l'article 339 (*art.* 336).

La femme convaincue d'adultère subira la peine de l'emprisonnement pendant trois mois au moins et deux ans au plus.

La mari restera le maître d'arrêter l'effet de cette condamnation, en consentant à reprendre sa femme (*art.* 337).

Le complice de la femme adultère sera

puni de l'emprisonnement pendant le même espace de temps , et en outre d'une amende de 100 fr. à 2,000 fr.

Les seules preuves qui pourront être admises contre le prévenu de complicité , seront , outre le flagrant délit , celles résultant de lettres ou autres pièces écrites par le prévenu (*art.* 338).

Le mari qui aura entretenu une concubine dans la maison conjugale , et qui aura été convaincu sur la plainte de la femme , sera puni d'une amende de 100 fr. à 2,000 francs (*art.* 339).

OUVRAGES contrefaits. *Voyez* Contrefaçon.

OUVRAGES *d'or* ou *d'argent.* Si l'essai d'un ouvrage d'or ou d'argent , déjà marqué d'un poinçon indicatif de son titre , donne un titre plus bas à la vérification faite à l'administration des monnoies , l'essayeur sera condamné pour la première contravention à 200 fr. d'amende , pour la seconde à 600 fr. , et la troisième , il sera destitué (*Loi du* 19 *brumaire an* 6 , *art.* 61. *B.* 156).

Si l'ouvrage porté à l'essai se trouve fourré de fer , de cuivre ou de toute autre matière étrangère , il sera saisi , et le délinquant sera condamné à une amende de vingt fois la valeur de l'objet (*art.* 65).

L'essayeur d'un *lingot* doit le marquer de son poinçon, y inculper en outre son nom, les chiffres indicatifs du vrai titre, et un numéro particulier; faire mention de ces différens objets sur son registre, ainsi que du poids des matières essayées, à peine de 100 fr. d'amende pour la première contravention, 200 fr. pour la seconde, et de destitution pour la troisième (*art.* 68).

Les fabricans d'ouvrages d'or et d'argent qui veulent exercer cette profession, sont tenus de se faire connoître à l'administration de département et à la mairie de la commune de leur résidence, et de faire inculper dans ces deux administrations leur poinçon particulier, avec leur nom, sur une planche de cuivre à ce destinée, à peine d'une amende de 200 fr. pour la première contravention, de 500 fr. pour la seconde et d'affiches à leurs frais du jugement, dans tout le département, et de 1,000 fr. pour la troisième et d'interdiction du commerce d'orfévrerie, sous peine de confiscation (*art.* 72 *et* 80).

Quiconque se borne au commerce de l'orfévrerie sans en entreprendre la fabrication, n'est tenu ; sous les mêmes peines que ci-dessus , que de faire sa déclaration à la municipalité de son domicile , et est dispensé d'avoir un poinçon (*art.* 73).

Les fabricans et marchands d'or et d'argent ouvré ou non ouvré, doivent avoir , sous les mêmes peines , un registre coté et paraphé par le maire , sur lequel ils inscrivent la nature , le nombre , le poids et le titre des matières et ouvrages d'or et d'argent qu'ils achètent et vendent, avec les noms et demeure de ceux de qui ils les ont achetés (*art.* 74).

Ils ne peuvent , sous les mêmes peines , acheter que de personnes connues , ou ayant des répondans à eux connus (*art.* 75).

Ils sont tenus , sous les mêmes peines , de présenter leurs registres à l'autorité publique toutes fois qu'ils en sont requis (*art.* 76).

Ils sont tenus, sous les mêmes peines , de porter au bureau de garantie de leur arrondissement leurs ouvrages, pour y être essayés, titrés et marqués , ou , s'il y a lieu , être simplement revêtus de l'une des empreintes de poinçons prescrites dans la 2.e section du Titre 1.er de la Loi (*art.* 77).

Ils doivent mettre , sous les mêmes peines, dans le lieu le plus apparent de leur magasin ou boutique , un tableau énonçant les articles de la précédente loi relatifs aux titres et à la vente des ouvrages d'or et d'argent (*art.* 78).

Ils doivent remettre aux acheteurs , sous les mêmes peines , des bordereaux énonciatifs de l'espèce, du titre et du poids des ouvrages qu'ils leur ont vendus , et désignant si ce sont des ouvrages neufs ou vieux ; le nom de leur commune et leur signature (*art* 79).

Les articles 73 , 74 , 75 , 76 . 78 , 79 et 80 , qui établissent la peine ci-dessus rappelée, sont applicables aux fabricans et marchands de galons , tissus , broderies ou autres ouvrages d'or et d'argent (*art.* 81).

Ceux de ces fabricans ou marchands d'ouvrages en fils d'or ou d'argent, qui en auroient vendu de faux pour fins , doivent être punis d'une amende de 50 francs au moins jusqu'au quart des restitutions et dommages et intérêts, et d'un emprisonnement de trois mois à un an (*art.* 423 *du Code Pénal et* 81 *de la Loi*).

Les *jouailliers* doivent inscrire , jour par jour , sur un registre coté et paraphé par le maire , les ventes et les achats qu'ils ont faits , sous les mêmes peines que celles établies contre les orfévres (*art.* 86).

Ils doivent , comme tous les orfévres et

sous les mêmes peines , donner des bordereaux aux acheteurs de la nature , de la forme
et de la qualité des pierres dont ils sont com-
posés , signés et datés par eux (*art.* 87).

Il leur est aussi défendu de mêler dans les
mêmes ouvrages des pierres fausses avec des
fines sans le déclarer aux acheteurs , à peine
d'une amende de 5o fr. au moins jusqu'au
quart des restitutions et dommages et intérêts,
et d'un emprisonnement de trois mois à un an
(*art.* 423 *du Code Pénal et* 89 *de la Loi*).

Les marchands *ambulans* sont soumis aux
mêmes peines que les orfévres , à raison des
ouvrages d'or et d'argent qui ne sont point
marqués du poinçon de vieux ou de recence,
ou dont les marques seroient contrefaites
(*art.* 94).

Le fabricant de *doublé* est tenu de mettre
sur chacun de ses ouvrages son poinçon particulier , l'empreinte de chiffres indicatifs de
la quantité d'or ou d'argent contenue dans
l'ouvrage , et en outre celle du mot *doublé*.

Il doit inscrire , jour par jour , sur un
registre coté et paraphé par le maire , les ventes qu'il a faites , et donner à chaque acheteur
un bordereau , daté et signé par lui , de la désignation de l'ouvrage , de son poids et de la

quantité d'or ou d'argent qui y est contenue (*art.* 98).

Le tout à peine de confiscation des ouvrages faits en contravention, et d'une amende de dix fois la valeur des objets confisqués, du double pour la seconde récidive, avec affiche du jugement; et du quadruple de la première amende pour la seconde récidive, avec interdiction de commerce et saisie de tous les objets de commerce (*art.* 99).

Le fabricant de *doublé* est assujetti, comme le marchand orfévre et sous les mêmes peines, à n'acheter des matières ou ouvrages d'or et d'argent que de personnes connues ou ayant des répondans à eux connus (*art.* 100).

Affineurs. Quiconque veut départir et affiner l'or ou l'argent pour le commerce, est tenu d'en faire la déclaration tant à la municipalité de son domicile, qu'à la préfecture du département et à l'administration des monnoies, à peine de 200 fr. d'amende pour la première contravention, de 300 fr. avec affiche du jugement, à ses frais, pour la seconde; et de 1,000 fr. pour la troisième, avec interdiction des fonctions d'affineur (*art.* 115, 121 *et* 80).

L'affineur ne peut, sous les mêmes peines,

recevoir que des matières qui ont été essayées et titrées par un essayeur public autre que celui qui doit juger des lingots affinés (*art.*114).

L'affineur doit délivrer , sous les mêmes peines , au porteur de ces matières, une reconnoissance qui en désigne la nature , le poids , le titre tel qu'il a été indiqué par l'essayeur et le numéro (*art.* 115).

Les affineurs doivent, sous les mêmes peines , tenir un registre coté et paraphé par le préfet, et y inscrire, jour par jour et par ordre de numéros , la nature, le poids et le titre des matières qui leur sont apportées à affiner , et de même pour celles qu'ils rendent après l'affinage (*art.* 116).

Les lingots et matières d'or et d'argent affinés qui sont trouvés dans le commerce sans être revêtus du poinçon du bureau de garantie , doivent être confisqués, et l'affineur qui les a délivrés doit être condamné à 500 fr. d'amende (*art.* 122).

OUVRAGES imprimés. *Voyez* Ecrits.

OUVRIERS. Toute communauté ou corporation d'arts et métiers étant abolie (par la loi du 28 mars 1790, art. 22 , et par celle du 17 mars 1791) , les entrepreneurs , marchands , ouvriers et compagnons d'un art

quelconque, ne peuvent se nommer ni président, ni secrétaire, ni syndics, tenir des registres communs, prendre des arrêtés ou délibérations, faire des conventions tendant à
refuser ou à n'accorder, de concert, qu'à un
prix déterminé, le secours de leur industrie
ou de leurs travaux, ni former des réglemens
sur leurs prétendus intérêts communs, à peine
de nullité de leurs actes, de 3oo fr. d'amende
contre chacun des contrevenans, et de privation de travail dans les travaux publics (*Loi
du* 14 — 17 *juin* 1791).

Pour les circonstances de *menaces* écrites
ou affichées contre d'autres entrepreneurs ou
artisans, ouvriers ou journaliers, contre le
libre exercice de l'industrie, la même loi veut
que les contrevenans soient condamnés à
1,ooo francs d'amende et à 3 mois de prison
(*art.* 6).

Ceux qui usent de violence contre d'autres
entrepreneurs, ouvriers, etc. doivent être
poursuivis par la voie criminelle, comme
perturbateurs du repos public (*art.* 7).

Tout attroupement formé ou excité par les
entrepreneurs, ouvriers, etc. contre le libre
exercice de l'industrie, ou contre l'action de
la police et l'exécution des jugemens rendus

en cette matière , doivent être considérés comme attroupemens *séditieux,* et punis sur les auteurs , instigateurs et chefs (*art.* 8).

Ces deux derniers crimes ou délits contre le libre exercice de l'industrie , ne sont pas textuellement prévus par le Code Pénal ; ainsi les *violences* ne peuvent être punies que relativement à leur effet, et non sous le rapport de leur cause.

L'*attroupement* contre les propriétaires ou fermiers n'est pas non plus indiqué comme un délit. Le Code n'établit de peines que contre ceux qui sont dirigés contre l'autorité ou la force publique (*art.* 209). *Voy.* à cet égard Rebellion.

Les autres cas d'attroupemens dont parle le Code sont ceux qui sont formés pour exciter la guerre civile, ou pour porter la dévastation , le massacre et le pillage dans une ou plusieurs communes , ou enfin pour attenter à la vie de l'Empereur , de celle de sa famille , ou à la constitution de l'Etat (*art.* 86 , 87 *et* 91) ; mais ils ne présentent aucune analogie avec celui dont il est question.

Les propriétaires et fermiers de biens ruraux qui se coalisent pour faire baisser le prix de la journée des ouvriers ou les gages des domestiques, doivent être punis d'une amende du quart de leur contribution mobilière , et même de la détention de police municipale (*Loi du* 6 *octobre* 1791 , *art.* 19 , *tit.* 2).

Cette peine , comme celle qui est portée contre la coalition des moissonneurs, domestiques et ouvriers,

paroît

paroît devoir être appliquée par les tribunaux de police simple.

Voyez encore Commerce , relativement aux fabricans et à leurs ouvriers.

L'observation ci-dessus , relative aux cas de *violence* et d'*attroupement,* est applicable aux ouvriers des manufactures.

L'ouvrier compagnon qui voyage sans être muni d'un livret, *visé* par le maire de la commune où il travailloit en dernier lieu, est réputé vagabond (*Arrêté du 9 frimaire an 12. B. 328*). *Voyez* Vagabonds.

. OUVRIERS ; coalition. — passés à l'étranger. — *Voyez* Commerce.

P

PAMPHLETS imprimés. *Voyez* Ecrits.

PAPIER-MUSIQUE ; timbre. *Voy.* Journaux.

PAPIERS-NOUVELLES ; timbre. *Voyez* Journaux.

PAQUETS de papiers. *Voyez* Port de lettres.

PARCS de bestiaux. *Voyez* Destructions.

PARIS. Toute personne arrivant à Paris est tenue de faire , dans les trois jours de son arrivée, la déclaration par écrit, et en double, devant le commissaire de police du quartier, de ses noms, prénoms, âge, état ou profession, de son domicile ordinaire et de sa demeure à Paris, et d'exhiber son passe-port, à peine de trois mois d'emprisonnement.

Tout propriétaire ou locataire qui l'a reçue à demeure, est tenu d'en faire la même déclaration dans les vingt-quatre heures, sous la même peine.

Toute fausse déclaration emporte la même peine (*Loi du 27 ventose an 4. B.* 33).

PARIS sur la hausse ou la baisse des effets publics. *Voyez* Commerce.

PASSE-PORT. *Voyez* Faux.

PATENTES. L'amende de 500 fr. encourue par les marchands non patentés, et par les fonctionnaires qui auroient fait pour eux actes en demande, en exception ou en défense, et ceux qui auroient admis des actions judiciaires de ce genre, est prononcée par le tribunal civil (*Loi du* 1.er *brumaire an* 7, *art.* 37).

PÊCHE. Tout individu qui, n'étant ni fermier de la pêche, ni pourvu de licence, pêchera dans les fleuves et rivières *naviga-*

bles autrement qu'à la ligne flottante, sera condamné, 1.° à une amende de 50 francs à 200 fr. ; 2.° à la confiscation des filets et engins de pêche ; 3.° à des dommages et intérêts envers le fermier de la pêche d'une somme pareille à l'amende.

L'amende sera double en cas de récidive (*Loi du* 14 *floréal an* 10. *B.* 187).

Il est défendu, en tous temps, de pêcher avant le lever et après le coucher du soleil, sinon aux arches des ponts, aux moulins et aux gords où se tendent des dideaux, auxquels lieux on peut pêcher la nuit (*Ordonnance de* 1669, *art.* 5, *Titre* 31).

On ne peut pêcher, dans les temps du frai, de la truite où elle abonde sur les autres poissons, depuis le premier février jusqu'au 15 mars ; et de tous autres, depuis le premier avril jusqu'au premier juin ;

Le tout à peine de 20 fr. d'amende et d'un mois de prison, et du double en cas de récidive (*art.* 6).

Est exceptée de l'art. 6 la pêche aux saumons, aloses et lamproies (*art.* 7).

On ne peut mettre des *bires* ou *nasses d'osier* au bout des *bideaux* pendant le temps du frai, à peine de 20 francs d'amende, et de confiscation des harnois pour la première contravention , et en outre d'être privé de la pêche pendant un an pour la seconde (*art.* 8).

Il est néanmoins permis d'y mettre des *chausses* ou *sacs* du moule de (4 centimètres) 18 lignes en carré , et non autrement , sous les mêmes peines ; mais après le temps du frai passé , on peut y mettre des bires ou nasses d'osier à jour , dont les verges sont éloignées les unes des autres de (27 millimètres) 12 lignes (*art.* 9).

Il est défendu de se servir de *giles, tramail, furet, épervier, chaston, sabres* et autres engins prohibés et de tous autres nouveaux qui tendroient à dépeupler les rivières ; comme aussi d'aller au *baraudage,* et mettre des *bacs* en rivière , à peine de 100 francs d'amende pour la première fois , et de *punition corporelle* pour la seconde (*art.* 10).

Il est également défendu de *bouiller* (battre l'eau sous les chevrins ou chantiers pour en faire sortir le poisson et le faire donner dans des filets) avec *bouilles* (longues perches larges par le bout pour remuer la vase) rabots , tant sous les chevrins , racines , saules , osiers , terriers et arches , qu'en autres lieux , ou de mettre lignes avec eschets et amorces

vives ; ensemble de porter chaînes et *clairons*
(espèce de tromperie dont on se sert pour
attirer le poisson dans les filets) en leurs ba-
telets, et d'aller à la *fare* (pêche générale
qui avoit lieu dans le mois de mai par les pêcheurs de chaque port), ou de pêcher dans
les *noues* avec filets , et d'y bouiller pour
prendre le poisson et le frai qui a pu y être
porté par le débordement des rivières , sous
quelque prétexte, en quelque temps et manière que ce soit, à peine de 5o fr. d'amende
et de privation de la pêche pendant trois ans,
et de 3oo fr. d'amende contre les gardes et
autres agens forestiers contrevenans (*art.* 11).

Les pêcheurs doivent rejeter en rivière les
truites, carpes, barbeaux, brêmes et *mou-
niers* qu'ils ont pris, ayant moins de(162 millimètres) 6 pouces entre l'œil et la queue ; et
les *tanches, perches* et *gardons ,* qui ont
moins de (135 millimètres) 5 pouces , à peine
de 100 fr. d'amende et de confiscation contre
les pêcheurs et marchands qui en auront vendu ou acheté (*art.* 12).

Il est défendu à toutes personnes de jeter
dans les rivières aucune chaux , noix vomi-
que, coque du levant, momie et d'autres drogues ou appâts, à peine de punition corporelle

(*art.* 14), à peine d'un emprisonnement d'un à cinq ans, et d'une amende de 16 à 300 fr. (*Code Pénal, art.* 452).

Il est défendu aux pêcheurs de se servir d'autres harnois ou engins que de ceux qui ont été autorisés et marqués par l'administration forestière, à peine de confiscation et de 20 fr. d'amende (*art.* 13).

Il ·est également défendu aux mariniers, contre-maîtres et autres conduisant leurs nefs, bateaux, besogne, marnois, flettes ou nacelles, d'avoir aucun engin à pêcher, soit de ceux permis ou défendus, à peine de 100 fr. d'amende et de confiscation (*art.* 15).

Il est également défendu d'aller sur les mares, étangs et fossés, lorsqu'ils sont glacés, pour en rompre la glace et y faire des trous, et d'y porter des flambeaux, brandons et autres feux, à peine d'être puni comme de vol (*art.* 18).

La pêche dite au *bœuf* ou à la *drége,* et celle connue sous le nom de *ganguy,* sont défendues, à peine de 300 fr. d'amende au profit de la caisse des invalides de la marine.

'La dernière amende encourue sera double à chaque récidive (*Loi du* 21 *ventose an* 11. *B.* 260).

PERCEPTEURS. *Voyez* Soustractions.

PESAGE *et mesurage.* Aucune personne autre que les mesureurs et jaugeurs, préposés par l'autorité publique et assermentés, ne peut exercer ces fonctions dans l'enceinte des marchés, halles et ports, à peine de confiscation des instrumens destinés au mesurage (*Arrêtés du 7 brumaire an 9. B. 50, et du 6 prairial an 11. B. 281*).

PHARMACIENS indiscrets. *Voyez* Calomnies.

PIÈCES de théâtre jouées sans autorisation. *Voyez* Contrefaçon.

PIEDS CORNIERS coupés. *Voyez* Destructions.

PIERRES fausses. *Voyez* Commerce.

PISTOLETS de poche ou à vent. *Voyez* Armes prohibées.

PLANS détruits. *Voyez* Destructions.

PLANS. Toute personne autre qu'un fonctionnaire public, un agent, ou un préposé du Gouvernement, qui, sans emploi de corruption, fraude ou violence, possédant des plans de fortifications, arsenaux, ports ou rades, les a livrés aux agens d'une puissance étrangère, *neutre* ou *alliée,* doit être puni d'un emprisonnement de deux à cinq ans (*art.* 82).

POIDS faux. *Voyez* Commerce.

POIGNARDS. *Voyez* Armes prohibées.

POINÇONS. Les employés des bureaux de garantie qui calqueroient les poinçons ou qui en feroient usage sans observer les formalités prescrites par la loi, seront destitués et condamnés à un an de détention (*Loi du* 19 *brumaire an* 6 , *art.* 46. *B.* 156). *Voyez* Marques sur métaux.

POISONS. Les substances vénéneuses , et notamment *l'arsenic,* le *réalgar,* le *sublimé corrosif,* seront tenues , dans les officines des pharmaciens et les boutiques des épiciers, dans des lieux sûrs et séparés , dont les pharmaciens et épiciers seuls auront la clef , sans qu'aucun autre individu qu'eux puisse en disposer. Ces substances ne pourront être vendues qu'à des personnes connues et domiciliées qui pourroient en avoir besoin pour leur profession ou pour cause connue , sous peine de 3,000 fr. d'amende de la part des vendeurs contrevenans.

Les pharmaciens et épiciers tiendront un registre coté et paraphé par le maire ou le

commissaire de police , sur lequel registre
ceux qui seront dans le cas d'acheter des
substances vénéneuses , inscriront de suite et
sans aucun blanc , leurs noms , qualités et
demeures , la nature et la quantité des drogues qui leur seront délivrées , l'emploi qu'ils
se proposent d'en faire et la date exacte du
jour de leur achat ; le tout à peine de 3,000 fr.
d'amende contre les contrevenans. Les pharmaciens et épiciers seront tenus de faire eux-
mêmes l'inscription , lorsqu'ils vendront ces
substances à des individus qui ne sauront point
écrire , et qu'ils connoîtront comme ayant
besoin de ces mêmes substances (*art.* 34 et 35
de la loi du 21 *germinal an* 11. *B.* 270).

PORT *de lettres.* Il est défendu à tous entrepreneurs de voitures libres , et à toute autre
personne étrangère au service des postes , de
s'immiscer dans le transport des lettres , journaux , feuilles à la main et ouvrages périodiques , paquets et papiers du poids d'un kilogramme (deux livres) et au dessous , à peine
d'une amende de 150 fr. à 500 fr. pour chaque
contravention.

Les sacs de procédure , les papiers uniquement relatifs au service personnel des entrepreneurs de voitures , et les paquets au dessus

du poids d'un kilogramme , sont seuls exceptés de la prohibition.

Le produit des amendes appartiendra , un
tiers à l'administration des postes , un tiers
aux hospices des lieux , et un tiers à ceux qui
auront découvert la fraude et coopéré à la saisie , par égale portion entre eux (*Lois des
26—29 août* 1790, 21 *septembre* 1792 , *et arrêté du* 27 *prairial an* 9. *B*. 84).

Il est défendu à toute personne de tenir ,
même dans les villes et endroits *maritimes ,*
soit bureau , soit entrepôt pour la réception ,
l'envoi et distribution des lettres et paquets
de et pour les *colonies ,* soit françaises , soit
étrangères , du poids d'un kilogramme et au
dessous, à peine d'une amende de 150 à 300 fr.
pour chaque contravention.

Tout capitaine de vaisseau arrivant , est
tenu , sous la même peine , d'envoyer sur-le-
champ au bureau des postes les lettres et paquets qui lui ont été confiés à son départ des
colonies (*Lois des* 22 *août* 1791 , 23 *et* 24
juillet 1793, 5 *nivose an* 5 *et* 27 *frimaire
an* 8 , *et arrêté du* 19 *germinal an* 10. *B.*
190).

POISSONS empoisonnés ou tués. *Voyez*
Destructions.

(251)

PORCS empoisonnés ou tués. *Voyez* Destructions.

POUDRES *et Salpêtres.* Les propriétaires
qui font démolir doivent en prévenir , dix
jours à l'avance , le maire de la commune ,
pour que les salpêtriers puissent prendre les
matériaux propres à donner du salpêtre , à
peine d'amende égale à la contribution mobilière du propriétaire ou principal locataire du
bâtiment (*Loi du* 13 *fructidor an* 5. *B.* 141).

Le propriétaire ou principal locataire peut
exiger du salpêtrier une même quantité de
matériaux vieux (*art.* 3).

Les salpêtriers peuvent fouiller dans les
granges , écuries , remises et autres lieux
couverts, à l'exception de ceux servant d'habitation personnelle , et des *caves* et *celliers*
contenant du vin , des boissons ou des marchandises , et *aires* de granges en argile ou
glaise (*art.* 4).

. Le salpêtrier qui , pour une rétribution
quelconque, dispense quelqu'un de la fouil-
le , est passible d'une amende de 200 francs
(*art.* 6).

Il est tenu de remettre en place les terres
lessivées , et est responsable des dégradations
et accidens qu'il a occasionnés (*art.* 5).

Les salpêtriers qui se permettroient de ne pas verser leur salpêtre dans les magasins nationaux, de le vendre ou donner en échange à qui que ce soit autre que le Gouvernement, seront punis de l'abolition de leur atelier, de la confiscation des matières détournées et d'une amende de 500 fr. (*art.* 12).

Tout citoyen qui exploitera, sans l'autorisation du Gouvernement, des matériaux salpêtrés naturellement, ou par des nitrières artificielles, sera puni de la confiscation des matières et ustensiles, et, en cas de récidive, d'une amende de 300 fr. (*art.* 15).

Il est défendu à qui que ce soit d'introduire aucunes poudres étrangères dans l'Empire, sous peine de confiscation de la poudre, des chevaux et voitures qui en seroient chargés, et d'une amende de 20 fr. 44 cent. par kilogramme de poudre (ou 10 francs par livre) (*art.* 21).

Si l'entrée en fraude est faite par la voie de la mer, l'amende sera double en outre de la confiscation de la poudre.

L'importation et l'exportation des salpêtres sont également prohibées; la contravention sera punie des mêmes peines que lorsque les poudres sont la matière du délit (*art.* 22).

Il est cependant pérmis d'entreposer des salpêtres dans les ports de France pour les réexporter ensuite, en se conformant à ce qui est prescrit par les lois sur l'entrepôt.

La moitié de la valeur de tous les objets confisqués et des amendes prononcées appartiendra aux saisissans et sera partagée entre eux (*art.* 23).

Ceux qui feront fabriquer illicitement de la poudre, seront condamnés à 3,000 fr. d'amende. La poudre , les matières et ustensiles servant à sa confection , seront confisqués , et les ouvriers employés à sa fabrication seront détenus pendant trois mois pour la première fois, et pendant un an en cas de récidive. Le tiers des amendes appartiendra au dénonciateur ; le surplus, ainsi que les objets confisqués , seront versés au trésor public et dans les magasins nationaux (*art.* 27)*.*

Tout citoyen qui vendroit de la poudre sans y être autorisé , sera condamné à une amende de 500 fr., et celui qui en conserveroit chez lui plus de cinq kilogrammes (ou environ 10 livres un quart), à une amende de 100 francs.

Dans l'un et dans l'autre cas , les poudres

seront confisquées et déposées dans des magasins nationaux (*art.* 28).

Il est aussi défendu aux gardes des arsenaux de terre et de mer , à tous les militaires et ouvriers et employés dans les poudrières, de vendre , donner ou échanger aucune poudre, sous peine de destitution , et d'une détention qui sera de trois mois pour les gardes-magasins et militaires , et d'un an pour les ouvriers et employés des poudrières.

Les ouvriers des raffineries et ateliers nationaux de salpêtre qui en détourneront les produits, encourront les mêmes peines que les ouvriers des poudrières en pareil cas (*art.* 29).

Tout voyageur ou conducteur de voitures qui transportera plus de 5 kilogrammes (ou 10 livres un quart) de poudre, sans pouvoir justifier leur destination par un passe-port de l'autorité compétente , revêtu du *visa* de la municipalité du lieu du départ, sera arrêté et condamné à une amende de 20 fr. 44 cent. par kilogramme de poudre saisie (ou 10 fr. par livre) , avec confiscation de la poudre et des chevaux et voitures ; mais si le conducteur n'a pas eu connoissance de la nature du chargement, il aura son recours contre le chargeur

qui l'auroit trompé , et qui sera tenu de l'indemniser.

Néanmoins, dans la distance de deux lieues
des frontières , les citoyens resteront soumis
à tout ce qui est prescrit par les lois pour la
circulation dans cette étendue (*art.* 5o).

Les capitaines de navires , de quelque lieu
qu'ils viennent, à leur entrée dans des ports
maritimes , seront obligés , dans les vingt-
quatre heures , de faire , au bureau des douanes , ou , à défaut , au commissaire de la marine , la déclaration des poudres qu'ils auront
à bord, et de les déposer , dans le jour suivant , dans les magasins nationaux , sous
peine de 5oo francs d'amende : ces poudres
leur seront rendues à la sortie desdits ports
(*art.* 3i).

Les débitans ne pourront vendre la poudre
de *chasse* au-delà du prix de 6 fr. 13 cent. le
kilogramme , sous peine de révocation de
leur commission et de 1oo francs d'amende
(*art.* 35).

Si un débitant étoit convaincu de tenir en
dépôt ou vendre de la poudre de contrebande , il seroit puni de la destitution , de la confiscation des matières prohibées et de 1,óoo fr.
d'amende (*art.* 36).

Affranchissement des droits de Douane et d'Octroi. 1.º Les conducteurs des matières destinées à la confection de la poudre, doivent en faire la déclaration aux préposés de l'octroi, représenter les passe-ports de l'administration des poudres, délivrés par les commissaires des poudres et salpêtres, et les lettres de voiture doivent indiquer la quantité et la qualité de ces marchandises, certifiées par les autorités du lieu du départ, et vérifiées par celles du lieu d'arrivée.

2.º L'infidélité de ces déclarations sera punie de la saisie des objets assujettis aux droits. Dans le cas où ces objets ne pourroient être saisis, les auteurs de la fraude seront punis d'une amende égale à la valeur desdits objets, conformément aux dispositions de la *loi du 27 frimaire an* 8 sur les octrois.

PRÉFETS; extension de pouvoir. *Voyez* Empiétement. — *Voyez* Intérêts dans les affaires.

PRÉNOMS. *Voyez* Noms.

PRESSES pour métaux. *Voyez* Marques.

PRÊT sur nantissement. *Voyez* Mont de piété.

PROCÉDURES

PROCÉDURES (sacs de). *Voyez* Port de lettres.

R

RAVISSEUR. Le ravisseur âgé de moins de 21 ans qui a enlevé, de son consentement, une fille de moins de 16 ans, doit être puni d'un emprisonnement de 2 à 5 ans (*art.* 356). *Voyez* le Titre des Crimes.

REBELLION. Toute rebellion envers les officiers ministériels, les gardes champêtres ou forestiers, la force publique, les préposés à la perception, leurs porteurs de contraintes, les préposés des douanes, les séquestres, les officiers ou agens de la police administrative ou judiciaire, agissant pour l'exécution des lois, des ordres ou ordonnances de l'autorité publique, des mandats de justice ou jugemens, si elle a été commise par une réunion *non armée* de trois personnes ou plus, jusqu'à vingt inclusivement, la peine sera un emprisonnement de six mois à deux ans (*art.* 211).

Si elle n'a été commise que par une ou deux personnes *armées*, elle sera punie comme il est dit ci-dessus ;

Et si elle a eu lieu *sans armes*, d'un em-

prisonnement de six jours à six mois (*art.*
212).

Il n'est prononcé aucune peine contre les
membres d'une bande ou d'un attroupement,
qui, sans fonctions ni emploi dans la bande,
se sont retirés au premier avertissement de
l'autorité publique, ou même depuis, s'ils
n'ont été saisis que hors du lieu de la rebellion et sans nouvelle résistance et sans armes, sauf leur mise sous la surveillance de la
haute police depuis cinq ans jusqu'à dix (*art.*
313).

Et sauf les délits particuliers et individuels
commis pendant le cours de la rebellion
(*art.* 100).

Le *provocateur* à une rebellion qui n'a pas
eu lieu, doit être puni d'un emprisonnement
de six jours à un an (*art.* 217).

Dans tous les cas où il n'est prononcé, pour
fait de rebellion, qu'une simple peine d'emprisonnement, les coupables peuvent être
condamnés en outre à une amende de 16 à
200 fr. (*art.* 218).

Seront punies comme réunions de rebelles,
celles qui auront été formées, avec ou sans
armes, et accompagnées de violences ou de
menace contre l'autorité administrative, les

officiers et les agens de police, ou contre la force publique.

1.º Par les ouvriers ou journaliers, dans les ateliers publics ou manufactures.

2.º Par les individus admis dans les hospices.

3.º Par les prisonniers prévenus, accusés ou condamnés (*art.* 219).

Les chefs d'une rebellion et ceux qui l'auront provoquée, pourront être condamnés à rester, après l'expiration de leur peine, sous la surveillance de la haute police pendant cinq ans au moins et dix ans au plus (*art.* 221).

RECÉLEURS *de criminels.* Ceux qui auront *recélé* ou fait recéler des personnes qu'ils savoient avoir commis des crimes emportant peine afflictive, seront punis d'un emprisonnement de trois mois à deux ans.

Sont exceptés les ascendans ou descendans, époux ou épouse même divorcés, frères ou sœurs des criminels recélés, ou leurs alliés au même degré (*art.* 248).

RECEVEURS. *Voyez* Soustractions, page 264.

RÉCOLTES dévastées. *Voyez* Destructions.

RÉQUISITION de la force publique ; désobéissance. *Voyez* Commandant.

RÉUNIONS *illicites*. Nulle association de 20 personnes , dont le but sera de se réunir tous les jours ou à certains jours marqués pour s'occuper d'objets religieux , littéraires, politiques ou autres , ne pourra se former qu'avec l'agrément du Gouvernement, et sous les conditions qu'il plaira à l'autorité publique d'imposer à la société.

Dans le nombre de personnes indiquées par le présent article , ne sont pas comprises celles qui sont domiciliées dans la maison où l'association se réunit (*art.* 291).

Toute association de la nature ci-dessus exprimée qui se sera formée sans autorisation , ou qui , après l'avoir obtenue , aura enfreint les conditions à elle imposées, sera dissoute.

Les chefs , directeurs ou administrateurs seront en outre punis d'une amende de 16 à 200 fr. (*art.* 292).

Si par discours , exhortations , invocations ou prières , en quelque langue que ce soit , ou par lecture , affiche , publication ou distribution d'écrits quelconques , il a été fait dans ces assemblées quelque provocation à des crimes ou délits , la peine sera de 100 à 300 fr.

d'amende , et de trois mois à deux ans d'emprisonnement, contre les chefs, directeurs et administrateurs ; sans préjudice des peines plus fortes qui seroient portées par la loi contre les individus personnellement coupables de la provocation , lesquels , en aucun cas , ne pourront être punis d'une peine moindre que celle infligée aux directeurs , administrateurs ou chefs de l'association (*art.* 293).

Tout individu qui , sans la permission de l'autorité municipale , aura accordé ou consenti l'usage de sa maison ou de son appartement , en tout ou en partie , pour la réunion des membres d'une association même autorisée , ou pour l'exercice d'un culte, sera puni d'une amende de 16 à 200 fr. (*art.* 294).

RÉVÉLATION. *Voyez* Monnaies fausses.

S

SAGES-FEMMES exerçant illégalement. *Voyez* Médecins.

SAGES-FEMMES indiscrètes. *Voyez* Calomnies.

SALAIRE de domestiques ou d'ouvriers. *Voyez* Ouvriers.

SALPÈTRE ; salpêtriers. *Voyez* Poudres et Salpêtres.

SCELLÉS. Lorsque des scellés apposés, soit par ordre du Gouvernement, soit par suite d'une ordonnance de justice, auront été brisés, les gardiens seront punis, pour simple négligence, de six jours à six mois d'emprisonnement (*art.* 249).

Si le bris de scellés s'applique à des papiers et effets d'un individu prévenu ou accusé d'un crime emportant la peine de mort, des travaux forcés à perpétuité ou de la déportation, ou qui soit condamné à l'une de ces peines, le gardien négligent sera puni de six mois à deux ans d'emprisonnement (*art.* 250). *Voyez* le Titre des Crimes relativement au bris fait à dessein, N.° 164.

A l'égard de tous autres bris de scellés faits à dessein que ceux apposés sur des effets de la qualité ci-dessus énoncée, les coupables seront punis de six mois à deux ans d'emprisonnement ; et si c'est le gardien lui-même, de deux à cinq ans de la même peine (*art.* 252).

Tout vol commis à l'aide d'un bris de scellé, sera puni comme vol commis à l'aide d'effraction (*art.* 253).

SECRETS de fabrique divulgués. *Voyez* Commerce.

SEL. Il ne peut être établi aucune fabrique, chaudière de sel, sans une déclaration préalable, à peine de confiscation des ustensiles et d'une amende de 100 fr. (*Loi du 24 avril 1806, art.* 51. *B.* 88).

Les sels transportés par mer pour l'intérieur ne peuvent l'être que sous acquit à caution (*art.* 56).

Toute fraude sur la quantité de sel fabriquée, sera punie de la confiscation du sel soustrait au droit et d'une amende de 100 fr. (*art.* 57).

Les *salpétriers* doivent payer à la régie le droit établi sur le sel, à raison de 2 kilogrammes et demi de sel marin par chaque 100 kilogrammes de salpêtre brut fabriqué.

L'administration des poudres doit également remettre à la régie, à la fin de chaque mois, l'état du salpêtre brut provenant de sa fabrication et du salpêtre pur provenant de son exploitation et raffinage, et payer le droit à raison de 2 kilogrammes et demi de sel par 100 kilogrammes de salpêtre brut, et de 15 kilogrammes de sel pour 100 kilogrammes de salpêtre raffiné.

Les salpêtriers qui s'établissent doivent en faire leur déclaration à la régie des droits réunis.

Le tout à peine de confiscation et de 100 fr·
d'amende (*Décret Imp. du 16 février* 1807.
B. 137 , *et Loi du 24 avril* 1806).

SÉPULTURES ; violation. *Voyez* Décès.

SERRURIERS. *Voy.* Marque sur métaux.

SOCIÉTÉS littéraires ou autres. *Voy.* Réunions.

SOUS-PRÉFETS. *Voyez* Intérêts dans le commerce des grains, etc.

SOUSTRACTIONS. Tout percepteur, tout commis à une perception, dépositaire ou comptable public, qui a détourné ou soustrait des valeurs *au dessous* de 3,000 fr. ou *au dessous* du tiers de la recette ou du dépôt, s'il s'agit de deniers ou effets une fois reçus ou déposés , soit du cautionnement , s'il s'agit d'une recette ou d'un dépôt attaché à une place sujette à cautionnement , soit enfin du tiers du produit commun de la recette pendant un mois, s'il s'agit d'une recette, composée de rentrées successives et non sujette à cautionnement , sera puni d'un emprisonnement de deux à cinq ans , d'une amende du douzième au quart des restitutions ou indemnités , et de plus , déclaré à jamais incapable d'exercer aucune fonction publique (*art.* 171 *et* 172).

Quant aux soustractions , destructions et enlèvement de pièces ou de procédures crimi-nelles , ou d'autres papiers , registres , actes et effets contenus dans des archives , greffes ou dépôts publics , ou remis à un dépositaire public en cette qualité , les peines seront con-tre les greffiers , archivistes , notaires , ou au-tres dépositaires *négligens*, de trois mois à un an d'emprisonnement , et d'une amende de 100 à 300 fr. (*art.* 254). *Voyez* le Titre des Crimes , N.º 147.

STATUES dégradées. *Voyez* Dégradation.

STILETS. *Voyez* Armes prohibées.

T

TÉMOINS qui n'ont pas obéi à la citation. *Voyez* Jurés.

TIMBRE. Les amendes établies par la *loi du* 13 *brumaire an* 7. *B.* 237 , pour cause de contravention à ses dispositions , sont pro-noncées par le tribunal civil (*art.* 32).

TITRES usurpés. *Voyez* Décoration.

TOMBEAUX ; violation. *Voyez* Décès.

TRAVAUX. Quiconque, par des voies de fait , se sera opposé à la confection de travaux autorisés par le Gouvernement , sera puni d'un emprisonnement de trois mois à deux ans , et d'une amende de 16 fr. au moins jusqu'au quart des dommages et intérêts.

Les moteurs subiront le *maximum* de la peine (*art.* 438).

- TROMBLONS. *Voyez* Armes prohibées.

U

UNIFORME. Déguisement. *Voyez* Décoration.

USAGERS dans les bois. *Voyez* Délits forestiers.

USINES; inondation. *Voyez* Moulins.

U S I N E S dans les bois. *Voyez* Délits forestiers.

USINES. *Voyez* Mines.

V

VACHES empoisonnées ou tuées. *Voyez* Destructions.

VAGABONDS. Les vagabonds , ou gens sans aveu , sont ceux qui n'ont ni domicile certain , ni moyens de subsistance , et qui n'exercent habituellement ni métier ni profession (*art.* 270).

L'individu trouvé hors de son arrondissement sans passe-port, et qui, après 20 jours, ne peut justifier de son inscription sur le tableau des habitans d'une commune, est réputé vagabond (*Loi du* 10 *vendémiaire an* 4. *B.* 148).

Ceux qui auront été légalement déclarés tels, seront, pour ce seul fait, punis de trois à six mois d'emprisonnement, et demeureront, après avoir subi leur peine, à la disposition du Gouvernement pendant le temps qu'il déterminera, eu égard à leur conduite (*art.* 271).

Les individus déclarés vagabonds par jugement, pourront, s'ils sont étrangers, être conduits, par les ordres du Gouvernement, hors du territoire de l'Empire (*art* 272).

Les vagabonds nés en France, pourront, après un jugement même passé en force de chose jugée, être réclamés par délibération du conseil municipal de la commune où ils sont nés, ou cautionnés par un citoyen solvable.

Si le Gouvernement accueille la réclamation, ou agrée la caution, les individus ainsi réclamés ou cautionnés seront, par ses ordres, renvoyés ou conduits dans la commune qui les a réclamés, ou dans celle qui leur sera assignée pour résidence, sur la demande de la caution (*art.* 273).

Tout vagabond qui aura été saisi travesti d'une manière quelconque, ou porteur d'armes, bien qu'il n'en ait usé ni menacé, ou muni de limes, crochets, ou autres instrumens propres à commettre des vols ou d'autres délits, soit à lui procurer d'autres moyens de pénétrer dans les maisons, sera puni de deux à cinq ans d'emprisonnement (*art.* 277).

Tout vagabond qui sera trouvé porteur d'un ou de plusieurs effets d'une valeur supérieure à 100 fr. et qu'il ne justifiera pas d'où ils proviennent, sera puni d'un emprisonnement de six mois à deux ans (*art.* 278).

Tout vagabond qui aura exercé quelque acte de violence que ce soit envers les personnes, sera puni de la réclusion, etc. (*Voyez* le Titre des Crimes).

Les peines établies par le présent Code contre les individus porteurs de faux *certificats*, faux *passe-ports* ou fausses feuilles de route, seront toujours, dans leur espèce, portées au *maximum,* quand elles seront appliquées à des vagabonds (*art.* 281).

Les vagabonds qui auront subi les peines

portées dans les articles précédens , demeureront , à la fin de ces peines , à la disposition
du Gouvernement (*art.* 282).

L'ouvrier compagnon , qui voyage sans
être muni d'un livret *visé* par le maire de la
commune où il travailloit en dernier lieu , est
réputé vagabond (*Arrêté du* 9 *frimaire an* 12.
B. 328).

VENTES *publiques.* Les meubles , effets ,
marchandises , bois , fruits , récoltes et tous
autres objets mobiliers, ne peuvent être vendus publiquement et par enchères , qu'en présence et par le ministère d'officiers publics
ayant qualité pour y procéder, à peine contre
les contrevenans d'une amende de 50 francs
à 1,000 francs à raison de l'importance de
la contravention (*Loi du* 22 *pluviose an* 7 ,
art. 1 *et* 7. *B.* 258).

L'officier public doit déclarer au bureau de
l'enregistrement la vente qu'il doit faire , à
peine de 100 fr. d'amende (*art.* 2).

Il doit transcrire en tête de son procès-
verbal la copie de sa déclaration , à peine de
25 fr. d'amende.

Chaque objet adjugé et le prix doivent être
portés de suite au procès-verbal , en toutes
lettres , et en chiffres hors ligne , à peine de

100 fr. d'amende , et de 25 fr. pour chaque somme non écrite en toutes lettres (*art.* 5).

A Paris, personne, autre qu'un huissier priseur, ne peut faire de ventes publiques, à peine d'une amende qui ne peut excéder le quart du prix des objets prisés ou vendus (*Loi du 27 ventose an* 9).

VINAIGRES. Les fabricans et marchands de vinaigres qui , sous quelque prétexte que ce soit , ont ajouté des acides minéraux , et spécialement de l'acide sulfurique à leurs vinaigres , ou y ont introduit des mèches souffrées , doivent être poursuivis comme falsificateurs de boissons (*Décret Impérial du* 22 *décembre* 1809. *B.* 266). *Voyez* Boissons.

VOIRIE (grande). Les contraventions et délits en matière de grande voirie sont réprimés par l'autorité administrative (*Loi du 27 floréal an* 10. *B.* 192).

Sont compris dans la grande voirie les fleuves , rivières, canaux, et ruisseaux navigables ou flottables (*même loi*).

VOITURES *publiques.* Tout individu qui entreprend des voitures publiques de terre ou d'eau , partant à des jours et heures fixes pour des lieux déterminés , est tenu de déclarer à la régie, 1.º l'énonciation de la route ou des routes que ses voitures devront parcourir ;

2.º L'espèce, le nombre de voitures qu'il emploiera et la quantité de places que chacune contient dans l'intérieur ;

3.º Le prix de chaque place (*Loi du 9 vendémiaire an 6, art. 69*).

Tout entrepreneur de voitures suspendues, partant d'occasion ou à volonté, doit en déclarer le nombre et celui des places que chacune contient (*art. 70*).

Le tout à peine de confiscation des voitures et harnois, et d'une amende de 100 fr. à 1,000 fr. (*art. 72*).

VOITURIERS ; vol de liquides. *Voyez* Falsification.

VOLS. Les vols commis sans aucun des caractères criminels déterminés dans le titre des crimes ; les larcins et filouteries, ainsi que les tentatives de ces mêmes délits, seront punis d'un emprisonnement d'un an au moins et de cinq ans au plus, et pourront même l'être d'une amende qui sera de 16 à 500 fr.

Les coupables pourront encore être interdits des droits mentionnés en l'art. 42, pendant cinq ans au moins et dix ans au plus, à compter du jour où ils auront subi leur peine (*Voyez* l'art. 42 , au mot Calomnies , *Peine commune*).

Ils pourront aussi être mis , par l'arrêt ou le jugement , sous la surveillance de la haute police pendant le même nombre d'années (*art.* 401).

Il est défendu d'aller sur les mares , étangs et fossés lorsqu'ils sont glacés , pour en rompre la glace et y faire des trous , et d'y porter flambeaux , brandons et autres feux , à peine d'être puni comme de vol (*Ordonnance des eaux et forêts de* 1669, *art.* 18).

Disposition générale.

Dans tous les cas où la peine d'emprisonnement est portée par le présent Code, si le préjudice causé n'excède pas 25 fr. et si les circonstances paroissent atténuantes , les tribunaux sont autorisés à réduire l'emprisonnement même au dessous de 6 jours, et l'amende même au dessous de 16 fr. Ils pourront aussi prononcer séparément l'une ou l'autre de ces peines , sans qu'en aucun cas elle puisse être au dessous des peines de simple police (*art.* 463).

TITRE IV.

TITRE IV.

CONTRAVENTIONS

Aux Lois et Réglemens de Police, et Peines.

Dispositions générales.

Les peines de police sont : *l'emprisonnement*, *l'amende* et la *confiscation* de certains objets saisis (*art.* 464).

L'emprisonnement ne peut être moindre d'un jour, ni excéder cinq jours. Les jours d'emprisonnement sont des jours complets de 24 heures (*art.* 465).

Les *amendes* peuvent être prononcées depuis 1 fr. jusqu'à 15 fr. inclusivement, suivant les distinctions établies par le présent Code. Elles sont appliquées au profit de la commune où la contravention a été commise (*art.* 466).

La contrainte par corps a lieu pour le paiement de l'amende.

Néanmoins le condamné ne peut être, pour cet objet, détenu plus de quinze jours, s'il justifie de son insolvabilité (*art* 467).

En cas d'insuffisance des biens , les *restitutions* et les *indemnités* dues à la partie lésée sont préférées à l'amende (*art.* 468).

Les restitutions , indemnités et *frais* entraînent la contrainte par corps. Si les condamnations sont prononcées au profit de l'Etat, la contrainte ne dure que quinze jours dans le cas où le condamné justifie de son insolvabilité (*art.* 469).

A

ACCIDENS. Réclamation de secours. *Voy.* Secours.

ANIMAUX malfaisans ou féroces divaguant. *Voyez* Foux.

ANIMAUX tués ou blessés. *Voyez* Foux, Rouliers, Armes, Bâtimens, Encombrement et Excavations.

ARMES. Ceux qui par l'usage , sans précaution ou avec maladresse d'armes , ont tué ou blessé des animaux ou bestiaux appartenant à autrui , sont punis d'une amende de 11 à 15 fr. et , selon les circonstances , d'un emprisonnement de cinq jours au plus. Dans le cas de récidive , l'emprisonnement est de cinq jours (*art.* 479 , 480 *et* 482).

ARMES laissées à l'abandon. *Voyez* Dépôt.

ARTIFICE. *Voyez* Feux d'artifice.

AUBERGISTES. *Voyez* Logeurs.

B

BACS. Les adjudicataires , mariniers et autres personnes employées au service des bacs , doivent se conformer aux dispositions de police administrative et de sûreté établies par la loi , le Gouvernement ou les préfets , à peine d'une amende de la valeur de trois journées de travail et de responsabilité des suites de leur négligence (*Loi du* 18 *floréal an* 10, (*art.* 51. *B.* 188).

Ils ne peuvent exiger , dans aucun temps , autres et plus fortes sommes que celles qui sont portées aux tarifs , à peine d'une amende de la valeur d'une journée de travail et d'un emprisonnement de un à trois jours , nonobstant la restitution des sommes induement perçues.

En cas de récidive , la peine sera prononcée par le tribunal de police correctionnelle (*art.* 52).

Toute personne qui se soustrairoit au paiement des sommes portées auxdits tarifs , outre la restitution des droits, sera condamnée à une amende de la valeur d'une à trois journées de travail.

En cas de récidive, la peine sera augmentée d'un emprisonnement pendant un à trois jours (*art.* 56). *Voyez* encore au Titre des Délits, Concussions.

BANS de vendanges ou autres. La contravention est punie d'une amende de six à dix francs, et, en cas de récidive, d'un emprisonnement de cinq jours au plus (*art.* 475 *et* 478).

BARREAUX ou barres laissées à l'abandon. *Voyez* Dépôt.

BATIMENS menaçant ruine. *Voyez* Réglemens.

BATIMENS *dégradés*. Ceux qui, par le défaut d'entretien de leurs bâtimens quelconques, ont occasionné la mort ou la blessure des animaux ou bestiaux d'autrui, sont punis d'une amende de onze à 15 francs, et, en cas de récidive, d'un emprisonnement de cinq jours (*art.* 479 *et* 482).

BESTIAUX ou bêtes de trait, de somme ou de monture, passant sur le terrain d'autrui. *Voyez* Passage.

BESTIAUX tués ou blessés. *Voyez* Foux, Rouliers, Armes, Bâtimens, Encombrement et Excavations.

BOISSONS *falsifiées*, vendues ou débitées (les) donnent lieu à la confiscation , à une amende de 6 à 10 fr., et , selon les circonstances , à un emprisonnement de trois jours au plus ; et, dans le cas de récidive , à un emprisonnement de cinq jours au plus. Le tout sans préjudice des peines correctionnelles , lorsque les boissons contiennent des mixtions nuisibles à la santé (*art.* 475, 476 *et* 478).

BRIGANDAGE ; réclamation de secours. *Voyez* Secours.

BRUIT injurieux ou nocturne. *Voyez* Perturbateurs.

C

CHANSONS contraires aux bonnes mœurs. *Voyez* Imprimeurs.

CHARGE illicite des voitures. *Voyez* Rouliers et autres voituriers.

CHARRETIERS. Ils doivent être près de leurs bêtes et céder la moitié de la voie publique. *Voyez* Rouliers.

CHEMINÉES. Pour défaut d'entretien et

de nettoyage, une amende d'un à cinq francs, et, en cas de récidive, l'emprisonnement pendant trois jours au plus (*art.* 471 *et* 474).

CHEMINS. Ceux qui ont dégradé ou détérioré, de quelque manière que ce soit, des chemins publics, sont condamnés à la réparation et à une amende depuis trois fr. jusqu'à 24.

Ceux qui ont usurpé sur leur largeur sont condamnés à la même amende et à la restitution (*Loi rurale du* 6 *octobre* 1791 , *art.* 40).

Ceux qui s'emparent des terres ou matériaux déposés sur les chemins publics pour leur entretien, encourent la même amende, et, s'il y a lieu, la détention de simple police. (*art.* 44).

Si un voyageur déclôt un terrain pour se faire un passage à cause que le chemin est impraticable, la commune est condamnée aux dommages et aux frais de réparation de la clôture (*art.* 41).

CHIENS attaquant les passans. *Voyez* Foux.

CLAMEUR *publique*. Réclamation de secours. *Voyez* Secours.

CONDUCTEURS de bêtes de trait, de charge ou de monture. *Voyez* Rouliers.

COURSE illicite de chevaux et autres animaux. *Voyez* Rouliers.

COUTRES laissés dehors. *Voyez* Dépôt.

CRIEURS, *afficheurs, vendeurs* ou *distributeurs* (les) qui ont fait connoître la personne de laquelle ils tiennent l'écrit imprimé dans lequel ne se trouve pas l'indication vraie des noms, profession et demeure de l'auteur ou de l'imprimeur, ne sont punis que d'une amende de six à dix fr., et, en cas de récidive, d'un emprisonnement de cinq jours au plus. Les ouvrages contraires aux bonnes mœurs sont confisqués et mis au pilon (*art.* 283, 475, 477 *et* 478).

Ces peines sont les mêmes, dans le même cas, relativement aux *chansons* ou *images* contraires aux bonnes mœurs (*art.* 288, 475, *et autres*).

D

DÉPOT d'*ordures* devant les édifices, de nature à nuire par des exhalaisons insalubres (le) donne lieu à une amende de 1 à 5 fr. et, en cas de récidive, à un emprisonnement de trois jours au plus (*art.* 471 et 474).

Le *dépôt* dans les rues, chemins, places, lieux publics, ou dans les champs, de *coutres* de charrue, *pinces, barres, barreaux,* ou autres machines , ou *instrumens* ou *armes* dont peuvent abuser les voleurs et autres malfaiteurs, donne lieu aux mêmes peines (*mêmes articles*) et à la confiscation des objets laissés l'abandon (*art.* 472).

DEVINS (les) ou autres qui font le métier de pronostiquer ou d'expliquer les songes, sont punis d'une amende de 11 à 15 fr. et , selon les circonstances , d'un emprisonnement de cinq jours au plus ; de la confiscation des instrumens, ustensiles et costume relatifs à ce métier , et , en cas de récidive, d'un emprisonnement de cinq jours (*art.* 479 , 480 , 481 et 482).

DOMMAGE aux propriétés d'autrui *autrement* que par le feu mis à des bâtimens, à des bois et récoltes , par l'effet d'une mine ; par la menace d'incendier ; par la destruction ou renversement de construction quelconques, par quelque moyen que ce soit ; par voies de fait contre la confection de travaux autorisés par le Gouvernement; par la destruction de registres et actes de l'autorité publique, de titres , billets, effets de commerce ou de banque , contenant ou opérant obligation, disposition ou décharge ; par pillage ou dégâts de denrées , marchandises ou propriétés mobilières, commis en bande et à force ouverte ; par des liqueurs corrosives ou tout autre moyen ; par la dévastation de récoltes sur pied ou de plants ; par l'abattage d'arbres, de mutilation, d'écorçage, de destruction de greffes ; par la coupe de grains ou de fourrages ; par la rupture ou destruction d'instrumens d'agriculture, de parcs de bestiaux, dé cabanes de gardiens ; par l'empoisonnement de chevaux ou autres bêtes de voiture, de monture ou de charge, de bestiaux, de moutons, chèvres, porcs et poissons dans des étangs ou réservoirs ; par le meurtre de l'un de ces animaux ; par celui d'un animal domestique dans les propriétés de son maître ; par le comblement de fossés, la destruction de clôtures, la suppression ou déplacement de bornes ou pieds corniers ; par l'inondation des propriétés d'autrui ; par l'incendie des propriétés d'autrui causé par négligence ou imprudence ; par la communication d'animaux malades avec d'autres (*art.* 434 *à* 462) donne lieu à une amende de 11 à 15 fr. et, dans le cas de récidive, à un emprisonnement de 5 jours (*art.* 479 et 482).

E

EAU jetée sur quelque personne. *Voyez* Immondices.

ÉCHENILLAGE dans les campagnes ou jardins. Le défaut d'échenillage donne lieu à une amende d'un à cinq fr. et, en cas de récidive, à un emprisonnement de trois jours au plus (*art.* 471 et 474).

ÉCLAIRAGE. Les aubergistes et autres qui, obligés à l'éclairage des rues ou passages, l'auront négligé, seront punis d'une amende d'un à cinq fr. et, en cas de récidive, d'un emprisonnement de trois jours au plus (*art.* 471 et 474) *Voyez* Rues ; nettoyage.

Ceux qui, en contravention aux lois et réglemens (*et aux arrêtés des maires*), auront négligé d'éclairer les matériaux par eux entreposés, ou les excavations par eux faites dans les rues et places (*en vertu de permissions du maire données par écrit*), seront punis des mêmes peines.

ENCOMBREMENT (l') dans ou près les rues, chemins, places ou voie publique, sans les signaux ordonnés ou d'usage, qui a occasionné la mort ou la blessure des animaux ou bestiaux d'autrui, donne lieu à une amende de 11 à 15 fr. et, en cas de récidive, à un emprisonnement de cinq jours (*art.* 479 et 482).

EXCAVATIONS (les) donnent lieu, dans les mêmes circonstances et pour les mêmes accidens, aux mêmes peines (*mêmes articles*).

EXÉCUTION *judiciaire;* réclamation de secours. *Voyez* Secours.

EXPOSITION de choses nuisibles par leurs exhalaisons. *Voyez* Dépôt.

F

FEU. *Voyez* Cheminées, Fours, Usines.

FEUX *d'artifice.* La contravention à la défense de tirer des pièces d'artifice dans les rues et autres lieux, est punie d'une amende de 1 à 5 fr., de la confiscation des pièces, et de l'emprisonnement pendant trois jours au plus, selon les circonstances. Cette dernière peine doit être prononcée dans le cas de récidive. (*art.* 471, 472, 473 *et* 474).

FIGURES contraires aux bonnes mœurs. *Voyez* Graveur.

FLAGRANT DÉLIT; réclamation de secours. *Voyez* Secours.

F O U R S. Pour défaut d'entretien ou de nettoyage, une amende de 1 à 5 fr., et, en cas de récidive, l'emprisonnement pendant trois jours au plus (*art.* 471 *et* 474).

FOUX ou *Furieux*. Ceux qui doivent les garder et qui les laissent divaguer ;

Ceux qui laissent divaguer des animaux malfaisans ou féroces, qui excitent ou ne retiennent pas leurs chiens lorsqu'ils attaquent ou poursuivent les passans, quand même il n'en résulteroit aucun mal ni dommage, sont punis d'une amende de 6 à 10 fr., et, en cas de récidive, d'un emprisonnement de cinq jours au plus (*art.* 475 *et* 478).

FOUX ou *Furieux* (les) divaguant, qui ont donné la mort ou blessé des animaux ou bestiaux, donnent lieu à une amende de 11 à 15 fr., et, en cas de récidive, à un emprisonnement de cinq jours (*art.* 479 *et* 482).

Les mêmes peines sont encourues, dans les mêmes cas, par ceux qui ont laissé divaguer des animaux malfaisans ou féroces (*mêmes articles*).

FRUITS (les) appartenant à autrui, cueillis et mangés sur le lieu même, sans autre circonstance prévue par les lois. Cet acte donne lieu à l'amende de 1 à 5 fr., et, en cas de récidive, à l'emprisonnement pendant trois jours au plus (*art.* 471 *et* 474).

FURIEUX divaguant. *Voyez* Foux.

G

GLANAGE, GRAPILLAGE ou *Ratelage* dans les champs et les vignes non encore entièrement dépouillés et vidés de leurs récoltes, ou avant le lever ou après le coucher du soleil, et sans autre circonstance, donne lieu à une amende de 1 à 5 fr., et, en cas de récidive, à un emprisonnement de trois jours au plus. Cette dernière peine peut être prononcée dès la première contravention, selon les circonstances (*art.* 471, 474 *et* 475).

GRAVEUR (le) qui a fait connoître l'auteur ou celui qui l'a chargé de graver des figures ou images contraires aux bonnes mœurs, n'est puni que d'une amende de 6 à 10 fr., et, en cas de récidive, d'un emprisonnement de cinq jours au plus. Les gravures sont confisquées (*art.* 288, 475, 477 *et* 478).

H

HOTELIERS. *Voyez* Logeurs.

I

IMAGES contraires aux bonnes mœurs. *Voyez* Graveur.

IMMONDICES (les) jetées imprudemment sur les personnes, donnent lieu à une amende de 1 à 5 fr., et d'un emprisonnement de trois jours au plus dans le cas de récidive (*art.* 471 *et* 474).

—— jetées contre les bâtimens, dans les enclos, ou sur les personnes. *Voyez* Jet de pierres. —— *Voyez* encore Dépôt d'ordures.

IMPRIMEUR (l') qui a fait connoître l'auteur d'un ouvrage dans lequel il n'a pas indiqué ses noms, profession et demeure, ni ceux de l'auteur, n'est puni que d'une amende de 6 à 10 fr., et, en cas de récidive, d'un emprisonnement de cinq jours au plus. L'ouvrage qui est contraire aux bonnes mœurs est confiqué (*art.* 283, 475, 477 *et* 478).

Ces peines sont les mêmes, dans le même cas, relativement aux *chansons, pamphlets, figures* ou *images* contraires aux bonnes mœurs (*art.* 288, 475 *et autres*).

INCENDIE ; réclamation de secours. *Voyez* Secours.

INJURES. Ceux qui , sans avoir été provoqués , ont proféré contre quelqu'un des injures autres que des *calomnies* (*Voyez* le Titre précédent) , sont punis d'une amende de 1 à 5 fr , et , en cas de récidive, de l'emprisonnement pendant 3 jours au plus (*art.* 471 *et* 474).

INONDATION ; réclamation de secours. *Voyez* Secours.

<h2 style="text-align:center">J</h2>

JARDINS. Il est défendu de faire des jardins ni *préaux* en saillie aux hautes fenêtres , à peine de 10 fr. d'amende (*Edit du mois de décembre* 1607).

JET (le) de choses de nature à nuire par leur chute donne lieu à une amende de 1 à 5 fr., et , en cas de récidive , à l'emprisonnement de trois jours au plus (*art.* 471 *et* 474).

JET (le) de *pierres* ou d'autres corps durs, ou des *immondices* contre les maisons , édifices ou clôtures, ou dans les jardins ou enclos, ou sur quelqu'un , donne lieu à une amende de 6 à 10 fr., et même, suivant les circonstances , à un emprisonnement de trois jours au plus , et, en cas de récidive, à un emprisonnement de cinq jours au plus (*art.* 475 *et* 478).

_ JET de *pierres* ou de corps durs (le) , qui a donné la mort ou fait des blessures à des animaux ou bestiaux appartenant à autrui, donne lieu à une amende de 11 à 15 fr., et, selon les circonstances , à un emprisonnement de cinq jours au plus , et , en cas de récidive , l'emprisonnement est de cinq jours (*art.* 379, 480 *et* 482).

JEUX de *hasard* ou de *loterie* (les) tenus dans les rues , chemins , places ou lieux publics , donnent lieu à une amende de 6 à 10 fr., et , en cas de récidive , à un emprisonnement de cinq jours au plus (*art.* 475 *et* 478), et sont saisis et confisqués les tables , instrumens, appareils des jeux ou des loteries , ainsi que les enjeux , les fonds , denrées , objets ou lots proposés aux joueurs (*art.* 477).

L

LOGEURS , Aubergistes , Hôteliers ou Loueurs de maisons garnies (les) qui ont négligé d'inscrire de suite et sans aucun blanc , sur un registre tenu régulièrement , les noms, qualités , domicile habituel , dates d'entrée et de sortie de toute personne qui auroit couché ou passé une nuit dans leurs maisons ; ceux qui

qui auroient manqué à représenter ce registre aux époques fixées par les réglemens, ou
lorsqu'ils en auroient été requis, aux maires,
adjoints (délégués ou remplaçans), officiers
ou commissaires de police, ou aux citoyens
commis à cet effet, sont punis d'une amende
de 6 à 10 fr., et, en cas de récidive, d'un
emprisonnement de cinq jours au plus (*art.*
475 *et* 478).

M

MAISONS garnies. *Voyez* Logeurs.

MARCHÉS. Ceux qui contreviennent au
réglement (*fait par le maire*) de désignation
des places et lieux publics pour la tenue des
marchés ou pour des étalages particuliers de
denrées ou marchandises, doivent être punis
d'une amende de 1 à 5 fr., et, en cas de récidive, d'un emprisonnement de trois jours au
plus (*Loi du 23 fructidor an 6. B. 225*).

MARÉE. Il est enjoint aux mareyeurs de
remplir les paniers également, et de poisson
de même espèce et même qualité, à peine de
confiscation et de 10 francs d'amende pour
chaque contravention (*Arrêt du 9 mai 1776*).

Il leur est également défendu, sous les
mêmes peines, de mettre dans le fond des

paniers des bouchons de paille de plus de 11 centimètres de hauteur (*même arrét, et autre du 26 août 1780, art. 7*).

MATÉRIAUX pour l'entretien des chemins. *Voyez* Chemins.

MESURES fausses. *Voyez* Poids.

MONNAIES *nationales*. Ceux qui les refusent pour leur valeur légale sont punis d'une amende de 6 à 10 fr., et, en cas de récidive, d'un emprisonnement de cinq jours au plus (*art. 475 et 478*)

N

NAUFRAGE ; réclamation de secours. *Voyez* Secours.

O

OUVRAGE sans noms d'auteur ni d'imprimeur. —— contraire aux bonnes mœurs. *Voyez* Imprimeur.

OUVRIERS. Les propriétaires ou fermiers de biens ruraux d'un même canton, qui se coalisent pour faire baisser le prix de la journée des ouvriers, ou les gages des domestiques, doivent être condamnés à une amende du quart de leur contribution mobilière , et même à la détention de police municipale (*Loi du 6 octobre* 1791, *Tit. 2, art.* 19).

Les moissonneurs, domestiques et ouvriers, qui se liguent pour faire hausser le prix de leurs salaires ou gages , doivent être punis d'une amende de la valeur de douze journées de travail et de la détention de police simple (*art.* 20).

ORDURES jetées sur quelque personne. *Voyez* Immondices.

ORDURES nuisibles par leurs exhalaisons. *Voyez* Dépôt.

P

PAMPHLETS contraires aux bonnes mœurs. *Voyez* Imprimeur.

PASSAGE sans droit sur le terrain d'autrui , préparé ou ensemencé , donne lieu à une amende de 1 à 5 francs , et , en cas de récidive , à un emprisonnement de trois jours au plus (*art.* 471 *et* 474).

Les mêmes peines sont applicables à ceux qui y laissent passer leurs bestiaux ou leurs bêtes de trait , de charge ou de monture , avant l'enlèvement de la récolte (*mêmes articles*).

PASSAGE sans droit sur le terrain d'autrui, dans le temps où ce terrain est chargé de grains en tuyaux, de raisins, ou autres fruits mûrs ou voisins de la maturité (le), donne lieu à une amende de 6 à 10 fr., et, en cas de récidive, à un emprisonnement de cinq jours au plus (*art.* 475 *et* 478).

Les mêmes peines sont encourues par ceux qui ont fait ou laissé passer des bestiaux ou autres animaux sur un terrain, ensemencé ou chargé d'une récolte, en quelque saison que ce soit, ou dans un bois taillis appartenant aussi à autrui (*mêmes articles*).

PERTURBATEURS. Les auteurs ou complices de bruits ou tapages injurieux ou nocturnes troublant la tranquillité des habitans, sont punis d'une amende de 11 à 15 fr. et, selon les circonstances, d'un emprisonnement de cinq jours au plus. En cas de récidive, l'emprisonnement est de cinq jours (*art.* 479, 480 et 482).

PIERRES ou autres corps durs jetés contre les bâtimens ou sur les personnes, ou dans les enclos. *Voyez* Jet de pierres.

PILLAGE; réclamation de secours. *Voy.* Secours.

PINCES laissées dehors. *Voyez* Dépôt.

PLACES publiques. *Voy.* Rues, Eclairage.

POIDS et *mesures*. Ceux qui ont de faux poids et de fausses mesures dans leurs magasins, boutiques, ateliers ou maisons de commerce, ou dans les halles, foires et marchés ;

Ceux qui emploient des poids ou des mesures différens que ceux qui sont établis par les lois en vigueur, sont punis d'une amende de 11 à 15 fr. et, selon les circonstances, d'un emprisonnement de cinq jours au plus, de la confiscation des faux poids et fausses mesures, et, dans le cas de récidive, d'un emprisonnement de cinq jours (*art.* 479, 480, 481 et 482).

PRÉAUX en saillie. *Voyez* Jardins.

PROPRIÉTÉS d'autrui traversées par les hommes ou leurs animaux. *Voyez* Passage.

PROPRIÉTÉS *mobilières* d'autrui endommagées. *Voyez* Dommage.

R

RAISIN cueilli et mangé sur le lieu même. *Voyez* Fruits.

RÉGLEMENS et *arrêtés*. Ceux qui auront négligé ou refusé d'exécuter les réglemens (*généraux* ou arrêtés *des maires pris en vertu des lois et des réglemens généraux*) concernant la petite voirie, ou d'obéir à la sommation émanée de l'autorité administrative (*du maire*) de réparer ou démolir les édifices menaçant ruine, seront punis d'une amende de 1 à 5 fr. et, en cas de récidive, d'un emprisonnement de trois jours au plus (*art.* 471 et 474).

S'il n'est pas vrai que le bâtiment menace ruine, le propriétaire peut faire juger la question par le tribunal de première instance (*Déclarations de* 1729 *et de* 1730).

Il est ordonné aux propriétaires de faire, à la réquisition du maire, démolir leurs bâtimens menaçant ruine, à peine de le voir faire d'office, s'il y a lieu, et à leurs frais, en vertu du jugement du tribunal de première instance (*Déclarations des* 18 *juillet* 1729 *et* 18 *août* 1730).

ROULIERS, charretiers, conducteurs de voitures quelconques ou de bêtes de charge (les), qui ont contrevenu aux réglemens par lesquels ils sont obligés de se tenir constamment à portée de leurs chevaux, bêtes de trait ou de charge et de leurs voitures, en état de les guider et conduire ; d'occuper un seul côté des rues, chemins ou voies publiques ; de se détourner ou ranger devant toutes autres voitures, et , à leur approche , de leur laisser libre au moins la moitié de la voie publique , sont punis d'une amende de six à dix fr. , et , selon les circonstances , d'un emprisonnement de cinq jours au plus (*art.* 475 , 476 *et* 478).

Ceux d'entre eux qui ont fait ou laissé courir des chevaux , bêtes de trait , de charge ou de monture dans l'intérieur d'un lieu habité , ou violé les réglemens contre le chargement , la rapidité ou la mauvaise direction des voitures , sont punis des mêmes peines (*mêmes articles*).

Ceux qui , par la rapidité ou la mauvaise direction , ou le chargement excessif des voitures , chevaux , bêtes de trait , de charge ou de monture , ont occasionné la mort ou la blessure des animaux ou bestiaux appartenant à autrui , sont punis d'une amende de 11 à 15 fr. , et , en cas de récidive, d'un emprisonnement de cinq jours (*art.* 479 *et* 482).

RUES. Ceux qui ont négligé de nettoyer les rues et passages , dans les communes où ce soin est laissé à la charge des habitans , sont punis d'une amende de 1 à 5 fr. , et , en cas de récidive , d'un emprisonnement de trois jours au plus (*art.* 471 *et* 474).*Voy.*Eclairage.

Ceux qui auront embarrassé la voie publique en y déposant , ou y laissant , sans nécessité (*et sans permission du maire*) , des matériaux ou des choses quelconques qui empê-
chent ou diminuent la liberté ou la sûreté du
passage , seront punis des mêmes peines.

S

SECOURS *réclamés*. Ceux qui , le pouvant , ont refusé ou négligé de faire les travaux , le service , ou de prêter le secours dont
ils ont été requis , dans les circonstances d'*accident , tumultes , naufrage , inondation ,
incendie,* ou autres calamités , ainsi que dans
les cas de *brigandages , pillages , flagrant
délit, clameur publique,* ou *d'exécution judiciaire ,* sont punis d'une amende de 6 à
10 fr. , et , en cas de récidive , d'un emprisonnement de cinq jours au plus (*art.* 475
et 478).

SORCIERS. *Voyez* Devins.

T

TAPAGES injurieux ou nocturnes. *Voyez*
Perturbateurs.

TIREURS de cartes. *Voyez* Devins.

TUMULTES.

TUMULTES; réclamation de secours. *Voyez* Secours.

U

USINES où l'on fait usage du feu. Pour défaut d'entretien et de nettoyage, une amende de 1 à 5 fr., et, en cas de récidive, l'emprisonnement pendant trois jours au plus (*art.* 471 *et* 474).

V

VOIE publique. *Voyez* Rues, Éclairage.

VOIRIE. *Voyez* Réglemens.

VOITURES trop chargées; accidens. *Voy.* Rouliers.

VOITURIERS. Ils doivent être près de leurs chevaux, céder la moitié de la voie publique, etc. *Voyez* Rouliers.

DERNIÈRE DISPOSITION
Du Code Pénal.

Dans toutes les matières qui n'ont pas été réglées par le présent Code et qui sont régies par des lois et réglemens particuliers, les cours et tribunaux continueront de les observer (*art.* 484).

F**I**N.

20